21世纪高等教育会计通用教材

Kuaijixue Kecheng Shiyan

会计学课程实验

(第五版)

胡北忠　编著

东北财经大学出版社
Dongbei University of Finance & Economics Press
大连

图书在版编目（CIP）数据

会计学课程实验 / 胡北忠编著. —5版. —大连 ：东北财经大学出版社，2022.12（2025.1重印）
（21世纪高等教育会计通用教材）
ISBN 978 - 7 - 5654 - 4709 - 9

Ⅰ. 会… Ⅱ. 胡… Ⅲ. 会计学-高等学校-教材 Ⅳ. F230

中国版本图书馆CIP数据核字（2022）第235509号

东北财经大学出版社出版
（大连市黑石礁尖山街217号 邮政编码 116025）
网 址：http://www.dufep.cn
读者信箱：dufep@dufe.edu.cn

大连图腾彩色印刷有限公司印刷 东北财经大学出版社发行

幅面尺寸：285mm×205mm 字数：537千字 印张：24.75 插页：2
2022年12月第5版 2025年1月第2次印刷

责任编辑：李智慧 李 栋 责任校对：王 娟
封面设计：冀贵收 版式设计：原 皓

定价：52.00元

教学支持 售后服务 联系电话：（0411）84710309

如有印装质量问题，请联系营销部：（0411）84710711

第五版前言

“会计学”是一门主要阐明会计学基础、财务会计和管理会计基本理论、基本方法和基本操作技能，综合性和应用性较强的课程，具有很强的实用性和可操作性，其方法性和技术性特点显著。开设“会计学课程实验”是根据高等院校高级应用型人才培养目标的要求，使学生在通过理论教学学习和掌握会计基本理论、会计核算方法基本原理的同时，通过实验以掌握财务会计在会计实务操作中的具体要求和应用，从而提高学生的会计实务操作能力。

在实验过程中，学生既应根据实验要求规范操作，认真及时完成每一项实验任务，增强自己的实际动手操作能力，培养严谨、务实、负责的工作态度和作风，同时也要重视理论对实践的指导作用，注意完整、系统地掌握会计基本理论和方法，将理论学习与课程实验有机地紧密结合起来，防止理论学习与课程实验出现“两张皮”的脱节现象，从而增强学生专业学习的后劲，为自己朝着“素质高、后劲足、上手快、适应性强”的高级应用型人才方向成长打下良好的基础。

《会计学课程实验》自2009年3月出版以来，在高校中被广泛使用，得到了广大使用者的好评，同时也存在一些不足。《会计学课程实验》(第五版)教材在上一版的基础上做了如下调整：第一，修正了上一版中的错误；第二，调整了“实验1 会计凭证的填制和审核”中涉及注册资本和股本的资金金额；第三，调整完善了“实验3会计账簿登记”中的相关账页；第四，规范了每个实验项目中关键数据的设计方式，使得各实验小组或实验者的实验结果产生不一致，实验者必须按新设计的数据重新进行计算，无法完全抄写实验参考答案，从而达到让实验者更独立地完成模拟练习的目的。

《会计学课程实验》(第五版)可以作为会计学、财务管理和审计学专业开设的“中级财务会计”或“财务会计”课程的实验教材使用，也可以作为其他经济管理类专业开设的“会计学”课程的实验教材使用。

由于作者水平有限，书中存在差错在所难免，希望读者批评指正。

胡北忠

2022年10月

目　　录

实验1　会计凭证的填制和审核

第一部分　实验预备知识

一、会计凭证

会计凭证是记录经济业务、明确经济责任的书面证明，也是登记账簿的依据。①会计凭证提供经济活动的原始资料，是实行会计监督的依据。②会计凭证是进行会计核算的依据。③会计凭证是对经济业务进行控制的有效手段。会计凭证按填制的程序和用途不同分为原始凭证和记账凭证。

二、原始凭证

原始凭证是证明经济业务的发生或完成情况，明确经济责任，并用来作为记账原始依据的一种会计凭证。它是在经济业务发生时取得或填制的。

(一)原始凭证分类

原始凭证按其来源不同，可以分为自制原始凭证和外来原始凭证两种。自制原始凭证，是由本单位经办业务的部门和人员在执行或完成某项经济业务时自行填制的凭证。外来原始凭证，是指在同外单位或个人发生经济业务往来关系时，从对方取得的原始凭证。

原始凭证按其填制方法不同，可以分为一次凭证、累计凭证和汇总凭证。一次凭证是指对一项经济业务或若干项同类经济业务，在其发生后一次填制完毕的原始凭证。外来原始凭证一般都是一次凭证。累计凭证是指在一定时期内连续记载同类经济业务，至期末按其累计数作为记账依据的原始凭证。汇总凭证是指将一定时期内若干张同类经济业务的原始凭证汇总填制的原始凭证。

(二)原始凭证的基本内容

1.填制单位的名称。

2.原始凭证的名称。

3.填制凭证的日期。

4.对外凭证要有接受单位的名称，俗称抬头。

5.经济业务的内容摘要。

6.经济业务所涉及的财物数量、单价和金额。

7.经办人员的签名或盖章。

(三)原始凭证的填制方法

1.自制原始凭证是根据经济业务的执行和完成的实际情况直接填制的。

2.还有一部分自制原始凭证是根据有关账簿记录，对某项经济业务加以归类、整理而编制的。

3.外来原始凭证是由其他单位填制的。

(四)原始凭证填制的要求

1.真实可靠。

2.内容完整。

3.填制及时。

4.书写清楚。

在填制原始凭证时，还应当遵守以下技术要求：

阿拉伯数字应逐个书写清楚，不可连笔书写。阿拉伯数字金额中数字的最高位的前面应写人民币符号“￥”，在人民币符号“￥”与阿拉伯数字之间不得留有空白。以“元”为单位的金额数字一律填写到“角”“分”。无“角”“分”的，角位和分位填写“0”，不得空格。

汉字大写金额数字应符合规定要求。应使用既容易辨认，又不容易涂改的正楷字书写，如壹、贰、叁、肆、伍、陆、柒、捌、玖、拾、佰(或百)、仟(或千)、万、亿、元、角、分、零、整等。不得用一、二(两)、三、四、五、六、七、八、九、十、块、毛、另(0)等字样代替。大写金额前应有“人民币”字样。“人民币”字样与大写金额之间不得留有空白。大写金额数字之间也应紧密排列，字间距适当。

阿拉伯数字金额中间有“0”或连续有几个“0”时，汉字大写金额只写一个“零”字即可。例如，105 006元的汉字大写金额应为“人民币壹拾万零伍仟零陆元整”。

凡是规定填写大写金额的各种凭证(如银行结算凭证、发票、运单、提货单、合同、契约等)都必须在填写小写金额的同时，也填写大写金额，且大小写金额应该一致。大小写金额不一致的原始凭证视为无效凭证，应重新填写。

(五)原始凭证的审核

1.审核原始凭证的真实性。审核业务发生的日期、计量单位、经办人员、数量和单价、业务经手人等。

2.审核原始凭证的合法性。审核凭证是否符合有关法规、政策、法令、制度、计划、预算和合同等。

3.审核原始凭证的完整性。审核各项内容是否填写齐全，手续是否完备，文字和数字是否填写清楚等。

4.审核原始凭证的正确性。审核凭证是否填写清楚、正确，数量、单价、金额的计算有无差错，大写和小写金额是否相符等。

5.审核结果的处理：

(1)审核合格的原始凭证，作为编制记账凭证的依据；

(2)手续不完备的原始凭证，补办手续或进行更正；

(3)违法的原始凭证，应拒绝接受，不予报销和付款。

三、记账凭证

记账凭证是指会计人员根据审核无误的原始凭证，用来确定经济业务应借、应贷会计科目及其金额(会计分录)而填制的作为记账依据的一种会计凭证。

（一）记账凭证分类

记账凭证按其用途不同，可分为专用凭证和通用凭证两种。专用凭证是专门用于某一类经济业务的记账凭证，分为收款凭证、付款凭证、转账凭证。通用凭证是不分收款、付款、转账业务，而是全部业务采用连续编号的一种记账凭证。

记账凭证按其填制方式不同，可分为复式（或多项）记账凭证和单式（或单项）记账凭证。复式记账凭证是指把一项经济业务所涉及的账户集中填列在一张记账凭证上。单式记账凭证就是把同类经济业务所涉及的每个会计账户分别填制记账凭证，每张记账凭证上只填列一个会计科目。

记账凭证按其是否经过汇总，可分为汇总记账凭证和非汇总记账凭证。汇总记账凭证是根据一定期间的若干张记账凭证按一定的方式汇总编制，据以登记总分类账的凭证，可分为分类汇总记账凭证和全部汇总记账凭证两种。

（二）记账凭证的填制方法

1.专用凭证的填制方法

（1）收款凭证的填制。收款凭证是根据现金或银行存款的收款业务的原始凭证填制的。

（2）付款凭证的填制。付款凭证是根据现金或银行存款的付款业务的原始凭证填制的。

对于只涉及“库存现金”和“银行存款”两个账户的业务（现金与银行存款之间的相互划转的业务），将现金存入银行和从银行存款户提取现金，只编付款凭证，不编收款凭证，以避免重复记账。如以现金存入银行时，只填制现金付款凭证；从银行提取现金时，只填制银行存款付款凭证。然后根据付款凭证登记对应账户。

（3）转账凭证的填制。转账凭证是根据有关转账业务的原始凭证填制的。

2.通用凭证的填制方法

通用凭证的填制是由出纳员或会计人员根据审核无误的原始凭证填制的，与转账凭证的填制方法基本相同。

（三）记账凭证填制的要求

1.摘要栏应简单明了地填写经济业务内容的要点，文字说明应准确、简练概括。

2.会计科目使用正确，账户对应关系清楚。

3.金额栏的数字应对准借贷栏次和账户行次正确填写，避免错栏串行的错误。“角”“分”位不留空白。多余的金额栏应划一拉长的“S”或“/”型线注销。

4.各种记账凭证必须每月连续编号。编号时，既可按收款凭证、付款凭证和转账凭证三类号码法分别从第1号起连续编号，例如收字第10号、付字第12号、转字第18号等；也可将收款凭证和付款凭证再划分为现收第×号、银收第×号、现付第×号、银付第×号进行编号。使用通用记账凭证时，不区分收款凭证、付款凭证和转账凭证，而按经济业务发生的先后顺序统一编号。如果一项经济业务需要填制多张记账凭证，可采用“分数编号法”，即每一项经济业务编一总号，再按凭证张数编几个分号，例如前述单式记账凭证的填制。记账凭证一般每月重新从第1号开始编号，并始终遵循一定的规律，做到不重号、不漏号。

5.每张记账凭证都要注明所附原始凭证或原始凭证汇总表（附件）的张数，以便查对。如有重要资料或原始凭证数量过多需要单独保管的，要在记账凭证摘要栏中加以说明，并注明保管地点及编号。

6.记账凭证填写完毕，并与有关原始凭证核对后，要由有关人员签字或盖章。

（四）记账凭证的审核

1.记账凭证是否附有原始凭证或原始凭证汇总表；所附原始凭证的张数、经济内容、金额合计等是否与记账凭证一致且合法。没附原始凭证的记账凭证是否属于调账、结账和更正错账类业务。

2.经济业务是否正常；应借、应贷账户的名称和金额是否正确；账户对应关系是否清晰；所用账户的名称是否符合会计制度的规定。

3.记账凭证中有关项目是否填写齐全；有关人员是否签名或盖章。

4.发现记账凭证的记录错误的处理：

（1）错误的记账凭证尚未登记入账，只需重新编制一张正确的记账凭证即可；

（2）若错误的记账凭证（审核时未被发现）已据以登记入账簿，错误更正可以采用划线更正法、红字更正法和补充登记法等方法。

（五）会计凭证的保管

1.每月记账完毕，要将本月的记账凭证按编号顺序整理，检查有无缺号、附件是否齐全，然后加上封面、封底，装订成册，以防散失。

2.某些原始凭证的数量过多、体积过大，可以另行装订或单独保管，但应在记账凭证中注明，以备查考。

3.装订成册的会计凭证，应由指定的会计人员负责妥善保管。年度终了，送交会计档案室或企业单位综合档案室归档。如需查阅，应按一定的手续制度进行，一般不得出借。

4.遇有特殊情况，如发生贪污、盗窃等经济犯罪案件而需要某项凭证作证时，应予复制。避免抽出原始凭证，致使原册残缺。

5.会计凭证的保管期限必须严格执行会计法规的有关规定。一般会计凭证至少保管10年，重要凭证应长期保存，涉外经济业务的凭证永久保存。未到期限，任何人不得随意销毁凭证。保管期满之后，也必须按规定手续报经批准后，方能销毁。

第二部分　实验项目设计

一、实验目的

1.明确原始凭证应具备的基本要素，熟悉部分有代表性的原始凭证的基本格式，掌握填制和审核原始凭证的基本操作技能。

2.明确记账凭证应具备的基本要素，熟悉记账凭证填制与汇总的基本程序，掌握根据原始凭证判断会计分录并填制记账凭证的基本操作技能。

二、实验操作要求

1.属于模拟实验企业自制原始凭证的，要求参与实验的学生根据给出的数据进行填制，并编制记账凭证。

2.属于模拟实验企业外来原始凭证的，要求参与实验的学生根据要求进行审核，并根据审核合格的原始凭证编制记账凭证。

3.记账凭证采用收、付、转专用记账凭证的，其凭证号码采用五类号码法。

4.采用科目汇总表形式，每15天汇总编制一次科目汇总表，并进行凭证装订。

三、实验资料

（一）模拟实验企业基本情况

企业名称：万丰市宏伟有限公司

厂　　址：万丰市花溪大道68号

开户银行：中国工商银行花溪大道分理处

账　　号：12000056783

纳税人识别号：520102722131158

经济性质：股份有限公司

经营范围：生产和销售农用机械

法定代表人：刘新阳

（二）公司股本结构

公司已发行在外的股份为30 000 000股，面值1元/股，总股本30 000 000元。股本结构如下：

序　　号	股东姓名	持股比例	持股数
1	万丰市国有控股公司	60%	18 000 000
2	李　斌	30%	6 000 000
3	王　维	10%	6 000 000
4	合　计	100%	30 000 000

（三）企业类型及生产工艺过程

万丰市宏伟有限公司是以生产和销售农用机械为主的股份有限公司。公司总股本30 000 000元（已发行在外股份30 000 000股），主要生产甲、乙两种农用机械设备。其生产工艺过程是：通过锻铸、车、钳、铣、刨、磨和组装等过程生产出甲、乙两种产品。工艺流程如下图：

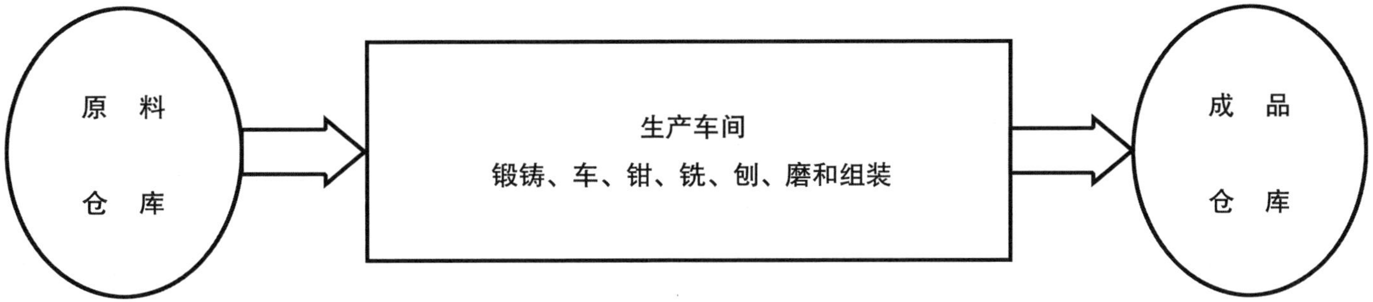

万丰市宏伟有限公司工艺流程图

(四)企业会计核算规定

1.库存现金限额为10 000元。银行存款开立一个结算账户。

2.应收款项采用账龄分析法进行减值测试。

3.存货收、发、结存采用实际成本计价核算,发出存货成本采用全月一次加权平均法。

4.产品成本核算采用品种法。共同费用在甲、乙产品之间分配按产品实耗工时比例分配。月末费用在完工产品和在产品之间分配采用约当产量比例法。各项费用分配率精确到0.01,尾差由最后的项目负担。成本计算设置直接材料、直接动力、直接人工、制造费用4个成本项目。

5.职工住房公积金:职工个人和单位各承担50%。职工个人承担部分从职工工资中扣取,单位承担部分按应付工资总额的5%计提。工会经费:按应付工资总额的2%计提。职工五项保险金:按应付工资总额的4%计提。

6.本公司为增值税一般纳税人,增值税税率为13%。城市维护建设税按应交增值税的7%计缴,教育费附加按应交增值税的3%计缴,企业所得税按应纳税所得额的25%计缴。

7.本公司按10%计提法定盈余公积,5%计提任意盈余公积。按可供股东分配利润的50%向股东分配现金红利。

8.本公司会计核算程序如下图所示:

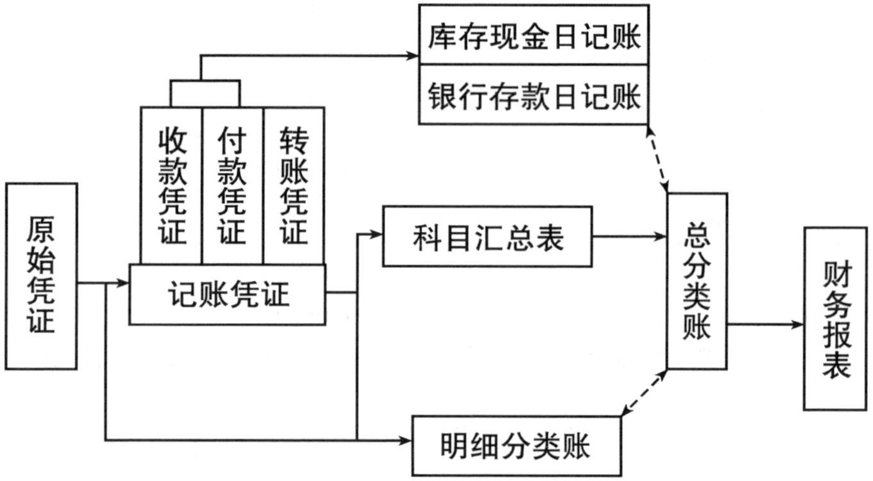

万丰市宏伟有限公司会计核算程序图

(五) 万丰市宏伟有限公司2022年11月30日有关科目余额

1.总分类科目余额

万丰市宏伟有限公司2022年11月30日科目余额表

单位:元

科目名称	借方余额	科目名称	贷方余额
库存现金	***6 000.00***	短期借款	***800 000.00***
银行存款	***1 450 000.00***	应付票据	***23 000.00***
其他货币资金	***854 179.00***	应付账款	***250 000.00***
交易性金融资产	***120 000.00***	预收账款	***10 000.00***
应收票据	***45 000.00***	其他应付款	***60 000.00***
应收账款	***650 000.00***	应交税费	***112 479.00***
预付账款	***30 000.00***	应付利息	***72 500.00***
其他应收款	***5 000.00***	长期借款	***2 000 000.00***
原材料	***550 000.00***	长期应付款	***100 000.00***
生产成本	***277 600.00***	坏账准备	***21 000.00***
库存商品	***410 000.00***	累计折旧	***5 584 335.00***
债权投资	***200 000.00***	累计摊销	***895 833.33***
固定资产	***24 396 200.00***	股本	***30 000 000.00***
无形资产	***12 100 000.00***	资本公积	***50 000.00***
		盈余公积	***26 250.00***
		本年利润	***939 831.67***
		利润分配	***148 750.00***
合　　计	***41 093 979.00***	合　　计	***41 093 979.00***

2. 明细分类科目（简称明细科目）余额

（1）三栏式

三栏式明细分类科目余额表

单位：元

总分类账	明细分类账	金额	总分类账	明细分类账	金额
其他货币资金	外埠存款	**50 000**	短期借款	工商银行	**800 000**
	存出投资款	**804 179**	应付票据	武汉钢厂	**23 000**
应收票据	万丰市农机公司	**45 000**	应付账款	宝安钢铁集团公司	**250 000**
应收账款	南宁农机公司	**350 000**	预收账款	安顺农机公司	**10 000**
	万丰市农机公司	**300 000**	其他应付款	保证金	**60 000**
预付账款	重庆钢铁集团公司	**30 000**	应交税费	应交所得税	**−55 821**
其他应收款	刘兴	**5 000**		未交增值税	**153 000**
债权投资	国库券	**200 000**		应交城市维护建设税	**10 710**
固定资产	建筑物	**20 696 200**		应交教育费附加	**4 590**
	机器设备	**3 500 000**	应付利息	短期借款利息	**32 500**
	办公设备	**200 000**		长期借款利息	**40 000**
无形资产	土地使用权	**10 000 000**	长期借款	工商银行	**2 000 000**
	专利A	**1 200 000**	长期应付款	上海机床厂	**100 000**
	专利B	**900 000**	坏账准备	应收账款	**21 000**
累计折旧	建筑物	**4 760 126**	股本	万丰市国有控股公司	**18 000 000**
	机器设备	**805 000**		李斌	**6 000 000**
	办公设备	**19 209**		王维	**6 000 000**
累计摊销	土地使用权	**583 333.33**	资本公积	其他资本公积	**50 000**
	专利A	**230 000**	盈余公积	法定盈余公积	**17 500**
	专利B	**82 500**		任意盈余公积	**8 750**
			利润分配	未分配利润	**108 750**

（2）数量金额式

金额单位：元

总分类账	明细账名称	单　位	数　量	单位成本	金额
原材料					550 000
	A材料	吨	125	3 300元/吨	412 500
	B材料	吨	25	5 500元/吨	137 500
库存商品					410 000
	甲产品	件	1 000	300元/件	300 000
	乙产品	件	500	220元/件	110 000
交易性金融资产					120 000
	N公司股票	股	10 000	12元/股	120 000

（3）多栏式

单位：元

总分类账	明细账名称	直接材料费	直接动力费	直接人工费	制造费用	合计
生产成本						277 600
	甲产品	152 000	6 200	13 000	8 500	179 700
	乙产品	82 000	3 200	8 200	4 500	97 900

（六）万丰市宏伟有限公司2022年12月发生有关经济业务如下

1.12月1日，签发现金支票从银行提现8 000元备用。(1-1)

2.12月2日，销售科王新科长到上海出差开会，期限10天，到财务预借差旅费5 000元，以现金付讫。(2-1)

3.12月2日，用存款上缴上月税费：增值税153 000元、城市维护建设税（简称城建税）10 710元、教育费附加4 590元。收到中国工商银行转账支票。(3-1、3-2、3-3、3-4)

4.12月2日，出售乙产品450件，售价360元/件，增值税税率13%，收到购货单位义力市兴农公司开出的20天到期的商业承兑汇票一张。(4-1、4-2)

5.12月3日，向重庆钢铁集团购进A材料50吨，B材料50吨。材料已入库，货款上月已预付30 000元，余款用存款支付。运费按重量比例分配。(5-1、5-2、5-3、5-4、5-5、5-6)

6.12月3日，申办银行汇票100 000元，到武汉钢厂购货，支付手续费30元。(6-1、6-2)

7.12月4日，用存款购买支票50元。(7-1)

8.12月5日，董事会办公室主任李玉到重庆出差回来报销差旅费（出差日期2022年11月28日—12月2日，出差补助30元/天；往返飞机票各1张，机票费用500元/张；住宿发票1张，金额400元；市内车票7张，金额120元），用现金支付。(8-1)

9.12月6日，出售甲产品200件给安顺农机公司，售价500元/件，增值税税率13%，上月已预收订金10 000元，余款已收到并存入银行。(9-1、9-2)

10.12月10日，向银行申请取得6个月的生产资金借款2 000 000元并存入银行。(10-1、10-2)

11.12月11日，开出转账支票支付贵州财经学院对本厂职工培训的培训费12 000元。(11-1、11-2)

12.12月12日，开出转账支票支付保洁费。(12-1、12-2)

13.12月13日，向上海机床厂购进机床一台，直接交生产车间使用（增值税额可抵扣）。(13-1、13-2、13-3、13-4)

14.12月13日，出售甲产品____件（关键数据设计为2 000+小组序号×100，参考数据为2 000件）给南宁农机公司，售价500元/件，增值税税率13%。另用存款垫付运杂费3 200元，已向银行办妥托收承付手续。款项尚未收到。(14-1、14-2、14-3、14-4)

15.12月14日，向贵州大学购进一项非专利技术，买价30 000元。(15-1、15-2)

16.12月15日，收到用银行汇票向武汉钢厂购买的A材料25吨。材料已入库，余款已存入银行。运费计入材料成本。(16-1、16-2、16-3、16-4、16-5)

17.12月15日，购买办公用品7 514.50元，直接交各部门使用。(17-1、17-2、17-3)

18.12月17日，销售科王新科长到上海出差开会回来报销差旅费（出差日期2022年12月3日—12月12日，出差补助30元/天；往返飞机票各1张，机票费用1 300元/张；住宿发票1张，金额1 320元；市内车票10张，金额180元），余款退回现金。(18-1、18-2)

19.12月18日，用现金支付董事会办公设备维修费678元。(19-1)

20.12月19日，开出转账支票支付广告费10 600元。(20-1、20-2)

21.12月20日，开出转账支票向万丰市儿童福利院捐赠20 000元。(21-1、21-2)

22.12月20日，出售产品给万丰市农机公司，甲产品600件，售价500元/件；乙产品500件，售价360元/件，增值税税率13%。收到转账支票，已送存银行。(22-1、22-2)

23.12月21日，委托银行代发工资158 000元，并同时结转代扣款项。(23-1、23-2)

24.12月21日，开出转账支票支付职工住房公积金（职工个人和单位各承担50%）、个人所得税、工会经费（按应付工资总额的2%提取）、职工五项保险金（按应付工资总额的4%提取）。（24-1、24-2、24-3、24-4、24-5、24-6、24-7、24-8）

25.12月22日，接到银行"同城特约委托收款"付款通知联，支付电费57 630元。（25-1、25-2）

26.12月23日，持有的义力市兴农公司开出的20天到期的商业承兑汇票到期，收到款项。(26-1)

27.12月25日，向万丰市特殊钢有限责任公司购进A材料100吨，B材料100吨。材料已入库，货款已用转账支票支付。（27-1、27-2、27-3、27-4）

28.12月26日，计提本月固定资产折旧费（采用年限平均法）。（28-1）

29.12月28日，董事会办公室报销业务招待费12 500元，开出转账支票支付。（29-1、29-2）

30.12月29日，接到银行"同城特约委托收款"付款通知联，支付水费6 540元。（30-1、30-2）

31.12月30日，汇总本月发出材料。材料单价采用全月一次加权平均法计价（材料期初库存：A材料125吨，总成本412 500.00元；B材料25吨，总成本137 500.00元）。（31-1、31-2、31-3、31-4、31-5、31-6）

32.12月31日，分配本月水电费，生产甲、乙产品共用电费采用实耗生产工时比例进行分配（本月实耗生产工时：甲产品1 200工时、乙产品800工时）。(32-1、32-2)

33.12月31日，分配本月职工薪酬费用，生产甲、乙产品共用职工薪酬费用采用实耗生产工时比例进行分配（本月实耗生产工时：甲产品1 200工时、乙产品800工时）。(33-1、33-2)

34.12月31日，分配本月制造费用，采用实耗生产工时比例在甲、乙产品之间进行分配（本月实耗生产工时：甲产品1 200工时、乙产品800工时）。(34-1)

35.12月31日，计算结转完工产品成本。生产甲、乙产品所耗材料均在投产时一次性投入，故材料费用按投产量比例在完工产品和在产品之间分配，其他费用采用月末在产品按完工程度折合的约当产量与完工产品数量比例在完工产品和在产品之间分配（甲产品：完工产品3 000件，月末在产品200件，在产品完工程度50%；乙产品：完工产品2 000件，月末在产品1 000件，在产品完工程度50%）。（35-1、35-2、35-3、35-4、35-5）

36.12月31日，计算结转已售产品成本。产品单位成本采用全月一次加权平均法计价（产成品期初库存：甲产品1 000件，总成本300 000.00元；乙产品500件，总成本110 000.00元）。（36-1、36-2、36-3、36-4、36-5）

37.12月31日，计算结转本月应交未交增值税。（37-1）

38.12月31日，计算本月应交城建税7%，教育费附加3%。（38-1）

39.12月31日，计算本月短期借款利息（短期借款期初借款本金800 000元，月利息率6.5‰）和长期借款利息（长期借款期初借款本金2 000 000元，年利息率12%，到期日为2023年9月30日）。利息费用全部费用化。（39-1）

40.12月31日，摊销无形资产价值。（40-1）

41.12月31日，计算国债投资本年利息收入。（41-1）

42.12月31日，计提本年坏账准备。（42-1）

43.12月31日，持有的N公司股票市价为15元/股，核算其公允价值变动损益。（43-1）

44.12月31日，结转本月各损益类科目的发生额。（44-1、44-2）

45.12月31日，计算并结转本年度所得税（1—11月累计实现税前利润939 831.67元）。（45-1）

46.12月31日，按10%计提法定盈余公积，按5%计提任意盈余公积。(46-1)

47.12月31日，按可供股东分配利润的50%计算应向股东分配现金红利。(47-1)

48.12月31日，进行年终结账，结转本年净利润和“利润分配”各明细分类账(简称“明细账”)。(48-1)

1-1

中国工商银行(黔)
现金支票存根
XVI 00302080

附加信息

出票日期　年　月　日

收款人：	
金　额：	
用　途：	

单位主管：　会计：

中国工商银行　现金支票（黔）　XVI 00302080

出票日期(大写)　年　月　日　付款行名称：
收款人：　出票人账号：

人民币（大写）	百	十	万	千	百	十	元	角	分

用途＿＿＿＿
上列款项请从
我账户内支付
出票人签章

刘新阳印

万丰市宏伟有限公司 财务专用章

科　目：＿＿＿＿
对方科目：＿＿＿＿
转账日期　年　月　日
复核：　记账：

2-1

万丰市宏伟有限公司
借款凭单

No.30201004

年　月　日

借款单位		借款人		职务		出差理由	
						出差地点	
借款事由			借款金额（大写）				
部门负责人批示			借款人签章		付款方式		
部门负责人签章			财务负责人审核意见				

3-1

中华人民共和国 (国)　(2022)建国缴14560045号
税收通用缴款书

填发日期：2022年12月02日　征收机关：万丰市税务局

缴款单位(人)	代　码	520102722131158811	预算科目	编　码	520306
	全　称	万丰市宏伟有限公司		名　称	增值税
	开户银行	工商银行花溪大道分理处		级　次	
	账　号	12000056783	收缴国库		万丰市国库
税款所属时期：2022年11月01日至2022年11月30日			税款限缴日期：2022年12月05日		

品目名称	课税数量	计税金额	税率或单位税额	已缴或扣除税额	实缴税额
甲、乙产品		1 200 000.00	13%	30 000.00	153 000.00
金额合计	(大写)壹拾伍万叁仟元整				￥153 000.00

税务机关	缴款单位	上列款项已收妥并划转收款单位账户。
(签章)	(签章)	国库(银行)签章：

万丰市税务局 (G) 征税专用章

工行花溪大道分理处 2022.12.02 转讫

第一联　缴款单位完税凭证

3-2

中华人民共和国
税收通用缴款书

〔地〕(2022)建国缴 24560035 号

填发日期:2022 年 12 月 02 日　　征收机关:万丰市税务局

缴款单位(人)	代　码	520102722131158811	预算科目	编　码	604320
	全　称	万丰市宏伟有限公司		名　称	城市维护建设税
	开户银行	工商银行花溪大道分理处		级　次	
	账　号	12000056783	收缴国库		万丰市国库
税款所属时期：2022 年 11 月 01 日至 2022 年 11 月 30 日				税款限缴日期：2022 年 12 月 05 日	
品目名称	课税数量	计税金额	税率或单位税额	已缴或扣除税额	实缴税额
实缴增值税额		153 000.00	7%		10 710.00
金额合计	(大写)壹万零柒佰壹拾元整				¥10 710.00
税务机关 (签章)		缴款单位 (签章)		上列款项已收妥并划转收款单位账户。 国库(银行)签章：	工行花溪大道分理处 2022.12.02 转讫

第一联　缴款单位完税凭证

3-3

中华人民共和国
税收通用缴款书

〔地〕(2022)建国缴 24560036 号

填发日期:2022 年 12 月 02 日　　征收机关:万丰市税务局

缴款单位(人)	代　码	520102722131158811	预算科目	编　码	604320
	全　称	万丰市宏伟有限公司		名　称	教育费附加
	开户银行	工商银行花溪大道分理处		级　次	
	账　号	12000056783	收缴国库		万丰市国库
税款所属时期：2022 年 11 月 01 日至 2022 年 11 月 30 日				税款限缴日期：2022 年 12 月 05 日	
品目名称	课税数量	计税金额	税率或单位税额	已缴或扣除税额	实缴税额
实缴增值税额		153 000.00	3%		4 590.00
金额合计	(大写)肆仟伍佰玖拾元整				¥4 590.00
税务机关 (签章)		缴款单位 (签章)		上列款项已收妥并划转收款单位账户。 国库(银行)签章：	工行花溪大道分理处 2022.12.02 转讫

第一联　缴款单位完税凭证

3-4

中国工商银行(黔)
转账支票存根
ZVI 00302084

附加信息

出票日期　　年　月　日

收款人：	
金　额：	
用　途：	

单位主管：　　会计：

中国工商银行　转账支票（黔）ZVI 00302084

出票日期(大写)　　年　　月　　日　　付款行名称：
收款人：　　出票人账号：

人民币（大写）	百	十	万	千	百	十	元	角	分

用途＿＿＿＿
上列款项请从
我账户内支付

出票人签章　　刘新阳印　　万丰市宏伟有限公司 财务专用章

科　　目：＿＿＿＿
对方科目：＿＿＿＿
转账日期
年　　月　　日
复核：　　记账：

4-1

商业承兑汇票

No.30203455

签发日期：贰零贰贰年壹拾贰月零贰日　　第202013号

收款人	全　称	万丰市宏伟有限公司	付款人	全　称	义力市兴农公司
	账　号	12000056783		账　号	13000068643
	开户银行	工商银行花溪大道分理处		开户银行	工商银行海尔大道分理处

金　额	人民币（大写）	千	百	十	万	千	百	十	元	角	分
	壹拾捌万叁仟零陆拾元整		¥	1	8	3	0	6	0	0	0

汇票到期日	贰零贰贰年壹拾贰月贰拾贰日	交易合同号	1212003

备注：
本汇票已经本单位承兑，到期日无条件支付票据款。
此致
付款人：义力市兴农公司
付款人签章：　　义力市兴农公司 财务专用章

备注：

4-2

贵州增值税专用发票

记账联

开票日期：　　年　月　日　　　　No. 02063471

购买方	名　　称：义力市兴农公司 纳税人识别号：854585069862329911 地址、电话：义力市海尔大道168号　0851-84710721 开户行及账号：工商银行海尔大道分理处13000068643				密码区	（略）
货物或应税劳务、服务名称	单位	数量	单价	金额	税率	税　额
合　计						
价税合计（大写）						（小写）
销售方	名　　称： 纳税人识别号： 地址、电话： 开户行及账号：				备注	

收款人：　　复核：　　开票人：　　销售方：（章）

第一联：记账联　销售方记账凭证

5-1

重庆增值税专用发票

发票联

开票日期：2022年11月27日　　　　No. 02063562

购买方	名　　称：万丰市宏伟有限公司 纳税人识别号：520102722131158811 地址、电话：万丰市花溪大道68号　023-84700700 开户行及账号：工商银行花溪大道分理处12000056783				密码区	（略）
货物或应税劳务、服务名称	单位	数量	单价	金额	税率	税　额
A材料	吨	50	3 000.00	150 000.00	13%	19 500.00
B材料	吨	50	5 000.00	250 000.00	13%	32 500.00
合　计				400 000.00		¥52 000.00
价税合计（大写）	肆拾伍万贰仟元整					（小写）¥452 000.00
销售方	名　　称：重庆钢铁集团有限公司 纳税人识别号：402514321556322211 地址、电话：重庆市桥东路23号（电话略） 开户行及账号：重庆市工行桥东办65-2233-115				备注	

收款人：李　莉　　复核：张　东　　开票人：王民生　　销售方：（章）

第三联：发票联　购买方记账凭证

5-2

货物运输业增值税专用发票

发票联

开票日期：2022年11月28日　　　　No. 02073562

承运人及 纳税人识别号	重庆市铁路局 402987678256678991	密码区	（略）
实际受票方及 纳税人识别号	万丰市宏伟有限公司 520102722131158811		
收货人及 纳税人识别号	万丰市宏伟有限公司 520102722131158811	发货人及 纳税人识别号	重庆市钢铁集团有限公司 402514321556322211
起运地、经由地、到达地	重庆市、义力市、万丰市		
费用项目及金额	费用项目　金额 运费　18 348.62	运输货物信息	钢材
合计金额	￥18 348.62　税率 9%　税额 ￥1 651.38	机器编号	499900633378
价税合计（大写）	贰万元整	（小写）	￥20 000.00
车种车号	成铁H6789　车船吨位 1 000	备注	完税凭证号码：57645589
主管税务机关及代码	重庆市国家税务局 4025368		

收款人：王玉龙　　复核人：张晓文　　开票人：刘平　　承运人：（章）

第三联：发票联　受票方记账凭证

5-3

万丰市宏伟有限公司材料入库通知单

2022年12月03日　　　　No.481

材料名称	材质	规格	单位	数量		单价	金额	运杂费	金额合计	发货单位
				应收	实收					
A材料			吨	50	50	3 000.00	150 000.00			重钢集团公司
合　计										

财务主管：　　供应科长：李林　　仓库验收：李平　　采购员：张宇

第二联　记账联

5-4

万丰市宏伟有限公司材料入库通知单

2022年12月03日　　No.482

材料名称	材质	规格	单位	数量		单价	金额	运杂费	金额合计	发货单位
				应收	实收					
B材料			吨	50	50	5 000.00	250 000.00			重钢集团公司
										（合同号）
合计										

第二联　记账联

财务主管：　供应科长：李林　仓库验收：李平　采购员：张宇

5-5

中国工商银行托收承付凭证（付款通知） 2　第　号

委托日期：2022年11月28日　　托收号码：No.221

付款人		收款人	
全称	万丰市宏伟有限公司	全称	重庆钢铁集团有限公司
账号	12000056783	账号	65-2233-115
开户银行	工商银行花溪大道分理处	开户银行	重庆市工行桥东办

托收金额	人民币（大写）肆拾肆万贰仟元整	千	百	十	万	千	百	十	元	角	分
			¥	4	4	2	0	0	0	0	0

附件		商品发运情况	合同名称
附寄单证张数	3	铁路运输	购销合同18-257

备注：	付款日期	付款行签章：
单位主管：　会计：　复核：　记账：李明	2022年12月03日	工行花溪大道分理处 2022.12.03 转讫

此联为付款人开户行交给付款人的付款通知

5-6

万丰市宏伟有限公司材料运杂费分配单

2022年12月03日　　No.483

材料名称	单位	数量		分配率	运杂费分配金额
		应收	实收		
A材料	吨	50	50		
B材料	吨	50	50		
合计			100		

审核：　　制单：

6-1

中国工商银行万丰市分行邮、电手续费收费凭证(借方凭证) ①

委托日期:*2022*年*12*月*03*日　　　　No.2654

缴款人名称					万丰市宏伟有限公司										信（电）汇　笔　汇票*1*笔　其他　笔						
账　号					*12000056783*										异托、委托　笔　支票　本　专用托收　笔						
邮费金额					电报费金额					手续费金额					合计金额						签　章
百	十	元	角	分	百	十	元	角	分	百	十	元	角	分	千	百	十	元	角	分	
										¥	*3*	*0*	*0*	*0*		¥	*3*	*0*	*0*	*0*	工行花溪大道分理处 2022.12.03 转讫
合计金额					人民币（大写）：叁拾元整																

复核：　　　　收款：王　芳　　　　制单：

6-2

中国工商银行汇票申请书(存根) 1

申请日期:*2022*年*12*月*03*日　　　　第12345号

收 款 人	武汉钢厂		汇 款 人	万丰市宏伟有限公司										
账号或地址	*32733879076*		账号或地址	*12000056783*										
兑付地点	武汉市	兑付银行	建行武昌办	汇款用途					购货					
汇票金额	人民币（大写）拾万元整			千	百	十	万	千	百	十	元	角	分	
					¥	*1*	*0*	*0*	*0*	*0*	*0*	*0*	*0*	
备注：	工行花溪大道分理处 2022.12.03 转讫			科　　目：______ 对方科目：______ 财务主管：　复核： 经办：黎明										

此联由汇款人作记账联

7-1

中国工商银行万丰市分行邮、电手续费收费凭证(借方凭证) ①

委托日期:2022年12月04日　　　　　No.2673

缴款人名称					万丰市宏伟有限公司										信（电）汇　笔　汇票　笔 其他　笔						
账　号					12000056783										异托、委托　笔　支票 2本 专用托收　笔						
邮费金额					电报费金额					手续费金额					合计金额						签　章
百	十	元	角	分	百	十	元	角	分	百	十	元	角	分	千	百	十	元	角	分	
										¥	5	0	0	0		¥	5	0	0	0	工行花溪大道分理处 2022.12.04 转讫
合计金额					人民币（大写）：伍拾元整																

复核：　　　　收款：王　芳　　　　制单：

8-1

万丰市宏伟有限公司

差旅费报销单

部门：　　　　年　月　日

出差人				共　人				事由								自　月　日起 至　月　日止			共　天
出发时间				到达时间				火车票	卧铺票	汽车票	飞机票	市内车费	轮船	住宿费	其他	差旅补助费			合计金额
月	日	时	地点	月	日	时	地点									天数	标准	金额	
合　计																			
合计（大写）																（小写）			
借款金额			退补金额				退补方式				领导意见								

附单据　　张

单位主管：　　部门负责人：　　复核：　　报销人：

9-1

中国工商银行进账单（回单） 1

2022年12月06日　　　　第12543号

收款人	万丰市宏伟有限公司	付款人	安顺农机公司
账号	12000056783	账号	12023658255
开户银行	工商银行花溪大道分理处	开户银行	农业银行黄果树大道分理处
人民币(大写)	壹拾万叁仟元整	千 百 十 万 千 百 十 元 角 分	¥ 1 0 3 0 0 0 0 0
备注：	工行花溪大道分理处 2022.12.06 转讫	票据种类	银行汇票
		票据张数	1张
		财务主管：　复核：　经办：李明	
		会计：　记账：	

此联是收款人开户行交收款人作记账联

9-2

贵州增值税专用发票

全国统一发票监制章 国家税务总局 贵州省税务局

记账联

开票日期：　　年　月　日　　　　No.02063472

购买方	名称：安顺农机公司 纳税人识别号：853585079963425511 地址、电话：安顺市黄果树大道256号（电话略） 开户行及账号：农业银行黄果树大道分理处12023658255				密码区	（略）
货物或应税劳务、服务名称	单位	数量	单价	金额	税率	税额
合计						
价税合计（大写）				（小写）		
销售方	名称： 纳税人识别号： 地址、电话： 开户行及账号：				备注	

收款人：　　复核：　　开票人：　　销售方：（章）

第一联：记账联　销售方记账凭证

10−1

中国工商银行贷款申请书(回单) 4

申请日期：2022年12月03日　　贷款日期：2022年12月10日　　No. 12067

贷款单位全称	万丰市宏伟有限公司		贷款户账号	12000056783										
贷款金额（大写）贰佰万元整				亿	千	百	十	万	千	百	十	元	角	分
					¥	2	0	0	0	0	0	0	0	0
贷款种类	流动资金借款	月利息率	7.5‰	约定还款日期	2023年06月10日									
上列款项已核准发放并转入指定科目。 工行花溪大道分理处 2022.12.10 转讫 签章：			备注： 贷款月利息率7.5‰											

10−2

中国工商银行进账单(回单) 1

2022年12月10日　　第12553号

收款人	万丰市宏伟有限公司	付款人										
账号	12000056783	账号										
开户银行	工商银行花溪大道分理处	开户银行										
人民币(大写)	贰佰万元整		千	百	十	万	千	百	十	元	角	分
			¥	2	0	0	0	0	0	0	0	0
备注： 工行花溪大道分理处 2022.12.10 转讫		票据种类	贷款存入									
		票据张数										
		财务主管：　复核：　经办： 会计：　记账：										

此联是收款人开户行交收款人作记账联

11－1

中国工商银行（黔）
转账支票存根
ZVI 00302085

附加信息

出票日期　年　月　日

收款人：
金　额：
用　途：

单位主管：　会计：

中国工商银行　转账支票（黔）ZVI 00302085

出票日期（大写）　年　月　日　付款行名称：
收款人：　出票人账号：

人民币（大写）	百	十	万	千	百	十	元	角	分

用途＿＿＿＿＿＿
上列款项请从
我账户内支付

出票人签章

科　目：＿＿＿＿＿＿
对方科目：＿＿＿＿＿＿
转账日期
年　月　日
复核：　记账：

万丰市宏伟有限公司 财务专用章

刘新阳印

11－2

贵州省行政事业性收费收据

全国统一发票监制章 票证监制章

2022年12月11日　No.30201455

交费单位	万丰市宏伟有限公司	收费许可证号	（黔）财发202034								
收费项目	收费标准	金额									
		百	十	万	千	百	十	元	角	分	
培训费	120人×100元/人			1	2	0	0	0	0	0	
合计			¥	1	2	0	0	0	0	0	
人民币（大写）壹万贰仟元整		交款方式		转账							

第二联　发票联

负责人：　开票人：王讯　收费单位：（签章）

贵州财经大学 财务专用章

12-1

中国工商银行（黔）
转账支票存根
ZVI 00302086

附加信息

出票日期　　年　月　日

收款人：	
金　额：	
用　途：	

单位主管：　　会计：

中国工商银行　转账支票（黔）ZVI 00302086

出票日期(大写)　　年　　月　　日　　付款行名称：
收款人：　　出票人账号：

人民币（大写）	百	十	万	千	百	十	元	角	分

用途________
上列款项请从
我账户内支付
出票人签章

刘新阳印

万丰市宏伟有限公司 财务专用章

科　　目：________
对方科目：________
转账日期
年　　月　　日
复核：　　记账：

12-2

贵州增值税普通发票

全国统一发票监制章 国家税务总局

发票联

开票日期：2022年12月12日　　No.02063765

购买方	名称：万丰市宏伟有限公司 纳税人识别号：520102722131158811 地址、电话：万丰市花溪大道68号（电话略） 开户行及账号：工商银行花溪大道分理处12000056783	密码区	（略）

商品或劳务名称	计量单位	数量	单价	金额 千	百	十	万	千	百	十	元	角	分	税率%	税额 千	百	十	万	千	百	十	元	角	分
保洁	月	1	3 000.00					3	0	0	0	0	0	3							9	0	0	0
合计							¥	3	0	0	0	0	0							¥	9	0	0	0

价税合计（大写）	叁仟零玖拾元整	（小写）¥3 090.00

销售方	名称：绿地保洁有限公司 纳税人识别号：520102722131195511 地址、电话：万丰市桥东路23号（电话略） 开户行及账号：万丰市工行桥东办65-2233-126	备注	绿地保洁有限公司 520102722131195511 发票专用章

第二联　发票联：购货方作付款的记账凭证

收款人：刘敏　　复核：张华　　开票人：王桥　　销售方：(章)

13-1

中国工商银行托收承付凭证（付款通知） 2　第　号

委托日期：2022年12月13日　　托收号码：No.6951

付款人	全　称	万丰市宏伟有限公司	收款人	全　称	上海机床厂
	账　号	12000056783		账　号	30075432515
	开户银行	工商银行花溪大道分理处		开户银行	上海市工行淮海路分理处
托收金额	人民币（大写）	伍万捌仟叁佰伍拾元整		千百十万千百十元角分	¥5835000
附　件		商品发运情况		合同名称	
附寄单证张数	3	铁路运输		购销合同15-258	
备注：		付款日期 2022年12月13日		付款行签章：	付款行花溪大道分理处 2022.12.13 转讫

单位主管：　会计：　复核：　记账：李明

此联为付款人开户行交给付款人的付款通知

13-2

上海增值税专用发票

发票联

开票日期：2022年11月27日　　No.02063563

购买方	名　称：万丰市宏伟有限公司 纳税人识别号：520102722131158811 地址、电话：万丰市花溪大道68号（电话略） 开户行及账号：工商银行花溪大道分理处12000056783				密码区	（略）	
货物或应税劳务、服务名称	单位	数量	单价	金额	税率	税额	
L300机床	台	1	50 000.00	50 000.00	13%	6 500.00	
合　计				¥50 000.00		¥6 500.00	
价税合计（大写）	伍万陆仟伍佰元整			（小写）¥56 500.00			
销售方	名　称：上海机床厂 纳税人识别号：602517821556532211 地址、电话：上海市淮海东路123号（电话略） 开户行及账号：上海市工行淮海路分理处30075432515				备注	上海机床厂 602517821556532211 发票专用章	

收款人：李莉　　复核：文新　　开票人：王东明　　销售方：（章）

第三联：发票联　购买方记账凭证

13-3

货物运输业增值税专用发票

发票联

开票日期：2022年12月02日　　　　No. 12073558

承运人及纳税人识别号	上海市铁路局 607887678256674111	密码区	（略）
实际受票方及纳税人识别号	万丰市宏伟有限公司 520102722131158811		
收货人及纳税人识别号	万丰市宏伟有限公司 520102722131158811	发货人及纳税人识别号	上海机床厂 602517821556532211
起运地、经由地、到达地	上海市、万丰市		
费用项目及金额	费用项目 金额 运费 1 697.25	运输货物信息	L300机床
合计金额 ¥1 697.25	税率 9% 税额 ¥152.75	机器编号	608800633258
价税合计（大写）	壹仟捌佰伍拾元整	（小写）	¥1 850.00
车种车号 沪铁H6432	车船吨位 1 000	备注	完税凭证号码：3654879
主管税务机关及代码	上海市国家税务局 4025368		

第三联：发票联　受票方记账凭证

收款人：张小泉　　复核人：张文　　开票人：刘晓平　　承运人：（章）

13-4

万丰市宏伟有限公司设备领用单

领用单位：基本生产车间

用途：生产用　　　　2022年12月13日　　　　No.1821

设备类别	设备编号	设备名称及规格	计量单位	数量 请领	数量 实领	单价	金额
机器设备	201521	L300机床	台	1	1		51 697.25
合计							¥51 697.25

第二联　记账联

记账：　　领用部门负责人：张晓海　　领用人：王　星

14-1

贵州增值税专用发票

记账联

开票日期： 年 月 日 No.02063473

购买方	名 称：南宁农机公司 纳税人识别号：310102742131256611 地 址 、电 话：南宁市顺海大道268号 开户行及账号：农业银行顺海大道分理处62023658523					密码区	（略）
货物或应税劳务、服务名称	单位	数量	单价	金额	税率	税额	
合 计							
价税合计（大写）	（小写）						
销售方	名 称： 纳税人识别号： 地 址 、电 话： 开户行及账号：					备注	

第一联：记账联 销售方记账凭证

收款人： 复核： 开票人： 销售方：（章）

14-2

中国工商银行托收承付凭证（回单） 1

第 号

委托日期：2022年12月13日 托收号码：No.3672

付款人	全 称	南宁农机公司	收款人	全 称	万丰市宏伟有限公司
	账 号	62023658523		账 号	12000056783
	开户银行	农业银行顺海大道分理处		开户银行	工商银行花溪大道分理处
托收金额	人民币（大写）				千 百 十 万 千 百 十 元 角 分
附 件		商品发运情况		合同名称	
附寄单证张数	3	铁路运输		购销合同15-259	
备注： 单位主管： 会计： 复核： 记账：李明		托收日期 2022年12月13日		托收行签章： 工行花溪大道分理处 2022.12.13 转讫	

此联为出票人开户行交给出票人的回单

14－3

货物运输业增值税专用发票

发票联

开票日期：2022年12月13日　　　　No. 52073559

承运人及纳税人识别号	万丰市铁路局 520768423145647711	密码区	（略）
实际受票方及纳税人识别号	南宁农机公司 310102742131256611		
收货人及纳税人识别号	南宁农机公司 310102742131256611	发货人及纳税人识别号	万丰市宏伟有限公司 520102722131158811
起运地、经由地、到达地	万丰市、南宁市		
费用项目及金额	费用项目　金额 运费　2 935.78	运输货物信息	甲产品
合计金额	￥2 935.78　税率 9%　税额 ￥264.22	机器编号	608800633258
价税合计（大写）	叁仟贰佰元整	（小写）	￥3 200.00
车种车号	成铁H7512　车船吨位 1 000	备注	完税凭证号码：6655779
主管税务机关及代码	万丰市国家税务局 5056465		

收款人：李采　　复核人：张一文　　开票人：刘晓燕　　承运人：（章）

第三联：发票联　受票方记账凭证

14－4

中国工商银行（黔）
转账支票存根
ZVI 00302087

附加信息

出票日期　年　月　日

收款人：	
金　额：	
用　途：	

单位主管：　会计：

中国工商银行　转账支票（黔）ZVI 00302087

出票日期（大写）　年　月　日　　付款行名称：
收款人：　　出票人账号：

人民币（大写）	百	十	万	千	百	十	元	角	分

用途＿＿＿＿＿＿
上列款项请从
我账户内支付
出票人签章　　刘新阳印　　万丰市宏伟有限公司 财务专用章

科　目：＿＿＿＿
对方科目：＿＿＿＿
转账日期　年　月　日
复核：　记账：

15-1

贵州增值税普通发票

全国统一发票监制章 国家税务总局 贵州省税务局

发票联

开票日期：2022年12月14日　　　　No.02063765

购买方	名　　称：万丰市宏伟有限公司 纳税人识别号：520102722131158811 地址、电话：万丰市花溪大道68号（电话略） 开户行及账号：工商银行花溪大道分理处12000056783	密码区	（略）

商品或劳务名称	计量单位	数量	单价	金额 千	百	十	万	千	百	十	元	角	分	税率%	税额 千	百	十	万	千	百	十	元	角	分
非专利技术	项	1	29 126.21				2	9	1	2	6	2	1	3						8	7	3	7	8
合　计						¥	2	9	1	2	6	2	1						¥	8	7	3	7	8

价税合计（大写）叁万元整　　　　（小写）¥30 000.00

销售方	名　　称：贵州大学 纳税人识别号：520105726131612211 地址、电话：万丰市税溪大道23号（电话略） 开户行及账号：万丰市建行花溪支行72-2533-789	备注	贵州大学 520105726131612211 发票专用章

收款人：李朝阳　　复核：张小勇　　开票人：刘雯　　销售方：（章）

第二联　发票联：购货方作付款的记账凭证

15-2

中国工商银行（黔）
转账支票存根
ZVI 00302088

附加信息

出票日期　　年　月　日

收款人：

金　额：

用　途：

单位主管：　　会计：

中国工商银行　转账支票（黔）ZVI 00302088

出票日期（大写）　　年　　月　　日　　付款行名称：

收款人：　　出票人账号：

人民币（大写）	百	十	万	千	百	十	元	角	分

用途＿＿＿＿＿

上列款项请从

我账户内支付

出票人签章

刘新阳印

万丰市宏伟有限公司 财务专用章

科　目：＿＿＿＿＿

对方科目：＿＿＿＿＿

转账日期　　年　月　日

复核：　　记账：

16-1

湖北增值税专用发票

发票联

开票日期：2022年11月27日　　　　No.02063566

购买方	名　　称：万丰市宏伟有限公司 纳税人识别号：520102722131158811 地址、电话：万丰市花溪大道68号（电话略） 开户行及账号：工商银行花溪大道分理处12000056783				密码区	（略）	
货物或应税劳务、服务名称	单位	数量	单价	金额	税率	税额	
A材料	吨	25	3 200.00	80 000.00	13%	10 400.00	
合　计				¥80 000.00		¥10 400.00	
价税合计（大写）	玖万零肆佰元整				（小写）¥90 400.00		
销售方	名　　称：武汉钢厂 纳税人识别号：402514321556322211 地址、电话：武汉市武昌南路23号（电话略） 开户行及账号：建设银行武昌办32733879076				备注	武汉钢厂 402514321556322211 发票专用章	

收款人：刘　杰　　复核：张小东　　开票人：王　民　　销售方：（章）

第三联：发票联　购买方记账凭证

16-2

中国工商银行进账单（回单）　1

2022年12月15日　　　　第12643号

收款人	万丰市宏伟有限公司	付款人	武汉钢厂										
账号	12000056783	账号	32733879076										
开户银行	工商银行花溪大道分理处	开户银行	建设银行武昌办										
人民币（大写）	陆仟陆佰元整		千	百	十	万	千	百	十	元	角	分	
						¥	6	6	0	0	0	0	
备注：工行花溪大道分理处 2022.12.15 转讫		票据种类	汇票余款转回										
		票据张数	2										
		财务主管：　复核：　经办： 会计：　记账：											

此联是收款人开户行交收款人作记账联

16-3

货物运输业增值税专用发票

（发票联 国家税务总局 湖北省税务局）

开票日期：2022年12月28日　　　　No. 12073558

承运人及纳税人识别号	武汉市铁路局 807987676256875211	密码区	（略）
实际受票方及纳税人识别号	万丰市宏伟有限公司 520102722131158811		
收货人及纳税人识别号	万丰市宏伟有限公司 520102722131158811	发货人及纳税人识别号	武汉钢厂 402514321556322211
起运地、经由地、到达地	武汉市、万丰市		
费用项目及金额	费用项目 金额 运费 2 752.29	运输货物信息	A材料
合计金额 ￥2 752.29	税率 9%	税额 ￥247.71	机器编号 608800633258
价税合计（大写）	叁仟元整	（小写）￥3 000.00	
车种车号 汉铁H50241	车船吨位 1 000	备注	完税凭证票号：7632178
主管税务机关及代码	武汉市国家税务局 8076332		

收款人：李小泉　　复核人：王文　　开票人：钱晓平　　承运人：(章)

（印章：武汉市铁路局 807987676256875211 发票专用章）

第三联：发票联　受票方记账凭证

16-4

万丰市宏伟有限公司材料入库通知单

2022年12月15日　　　　No.483

材料名称	材质	规格	单位	数量		单价	金额	运杂费	金额合计	发货单位
				应收	实收					
A材料			吨	25	25	3 200.00	80 000.00			武汉钢厂
合　计										

财务主管：　　供应科长：李林　　仓库验收：李平　　采购员：张宇

第二联　记账联

16-5

万丰市宏伟有限公司材料运杂费分配单

2022年12月03日　　　　No.485

材料名称	单位	数量		分配率	运杂费分配金额
		应收	实收		
A材料	吨	25	25		
合　计			25		

审核：　　　　制单：

17-1

中国工商银行(黔)
转账支票存根
ZVI 00302089

附加信息

出票日期　　年　月　日

收款人：	
金　额：	
用　途：	

单位主管：　　会计：

中国工商银行　转账支票（黔）ZVI 00302089

出票日期(大写)　　年　　月　　日　　付款行名称：
收款人：　　出票人账号：

人民币（大写）	百	十	万	千	百	十	元	角	分

用途________

上列款项请从
我账户内支付

出票人签章　[印章：刘新阳印]　[印章：万丰市宏伟有限公司 财务专用章]

科　　目：________
对方科目：________
转账日期　　年　　月　　日
复核：　　记账：

17-2

贵州增值税专用发票

发票联

开票日期：2022年12月15日　　No. 02063562

购买方	名称：万丰市宏伟有限公司 纳税人识别号：520102722131158811 地址、电话：万丰市花溪大道68号（电话略） 开户行及账号：工商银行花溪大道分理处12000056783				密码区	（略）	
货物或应税劳务、服务名称	计量单位	数量	单价	金额	税率	税额	
复印纸（A4）	箱	20	220.00	4 400.00	13%	572.00	
碳粉（HP1000）	简	5	450.00	2 250.00	13%	392.50	
合　计				¥6 650.00		¥864.50	
价税合计（大写）	柒仟伍佰壹拾肆元伍角整					（小写）¥7 514.50	
销售方	名称：贵阳星力电子有限责任公司 纳税人识别号：402514321556322211 地址、电话：万丰市文昌南路23号（电话略） 开户行及账号：建设银行文昌办32733879076				备注	[印章：贵阳星力电子有限责任公司 402514321556322211 发票专用章]	

收款人：李小明　　复核人：王玉兰　　开票人：张青　　销售方：（章）

第三联：发票联　购买方记账凭证

17-3

万丰市宏伟有限公司办公用品领用单

领用时间：2022年12月15日

领用部门	物品名称	单位	数量	单价	金额	领用人
生产车间	复印纸	箱	2			张金
生产车间	碳粉	筒	1			张金
董事会办公室	复印纸	箱	13			李玉
董事会办公室	碳粉	筒	1			李玉
财务部	复印纸	箱	5			王星
财务部	碳粉	筒	3			王星
合计						

经办人：刘玉

18-1

万丰市宏伟有限公司

差旅费报销单

部门：　　　　　　　　年　月　日

<table>
<tr><td colspan="3">出差人</td><td></td><td colspan="4">共　　人</td><td colspan="2">事由</td><td colspan="6"></td><td colspan="3">自　月　日起
至　月　日止</td><td>共　天</td></tr>
<tr><td colspan="4">出发时间</td><td colspan="4">到达时间</td><td rowspan="2">火车票</td><td rowspan="2">卧铺票</td><td rowspan="2">汽车票</td><td rowspan="2">飞机票</td><td rowspan="2">市内车费</td><td rowspan="2">轮船</td><td rowspan="2">住宿费</td><td rowspan="2">其他</td><td colspan="3">差旅补助</td><td rowspan="2">合计金额</td></tr>
<tr><td>月</td><td>日</td><td>时</td><td>地点</td><td>月</td><td>日</td><td>时</td><td>地点</td><td>天数</td><td>标准</td><td>金额</td></tr>
<tr><td></td><td></td><td></td><td></td><td></td><td></td><td></td><td></td><td></td><td></td><td></td><td></td><td></td><td></td><td></td><td></td><td></td><td></td><td></td><td></td></tr>
<tr><td></td><td></td><td></td><td></td><td></td><td></td><td></td><td></td><td></td><td></td><td></td><td></td><td></td><td></td><td></td><td></td><td></td><td></td><td></td><td></td></tr>
<tr><td></td><td></td><td></td><td></td><td></td><td></td><td></td><td></td><td></td><td></td><td></td><td></td><td></td><td></td><td></td><td></td><td></td><td></td><td></td><td></td></tr>
<tr><td></td><td></td><td></td><td></td><td></td><td></td><td></td><td></td><td></td><td></td><td></td><td></td><td></td><td></td><td></td><td></td><td></td><td></td><td></td><td></td></tr>
<tr><td colspan="8">合　计</td><td></td><td></td><td></td><td></td><td></td><td></td><td></td><td></td><td></td><td></td><td></td><td></td></tr>
<tr><td colspan="20">合计（大写）　　　　　　　　　　　　（小写）¥</td></tr>
<tr><td colspan="3">借款金额</td><td colspan="2"></td><td colspan="3">退补金额</td><td colspan="3"></td><td colspan="3">退补方式</td><td colspan="3"></td><td colspan="2">领导意见</td><td></td></tr>
</table>

附单据　　张

单位主管：　　部门负责人：　　复核：　　报销人：

18-2

万丰市宏伟有限公司内部收据

年　月　日　　No.30201543

今　收　到
交来＿＿＿＿款
人民币（大写）＿＿＿＿
（小写）¥
备注：

第一联　记账联

19-1

贵州增值税专用发票

统一发票监制章 国家税务总局 贵州省税务局

发票联

开票日期：2022年12月18日　　No. 02063590

购买方	名称：万丰市宏伟有限公司 纳税人识别号：520102722131158811 地址、电话：万丰市花溪大道68号（电话略） 开户行及账号：工商银行花溪大道分理处12000056783					密码区	（略）
货物或应税劳务、服务名称	单位	数量	单价	金额	税率	税额	
设备维修费	台	3	200.00	600.00	13%	78.00	
合　计				¥600.00		¥78.00	
价税合计（大写）	陆佰柒拾捌元整					（小写）¥678.00	
销售方	名称：贵阳星力电子有限责任公司 纳税人识别号：402514321556322211 地址、电话：万丰市文昌南路23号（电话略） 开户行及账号：建设银行文昌办32733879076					备注	贵阳星力电子有限责任公司 402514321556322211 发票专用章

收款人：李小明　　复核人：王玉兰　　开票人：张青　　销售方：（章）

第三联：发票联　购买方记账凭证

20-1

中国工商银行(黔)
转账支票存根
ZVI 00302090

附加信息

出票日期　年　月　日

收款人：	
金　额：	
用　途：	

单位主管：　会计：

中国工商银行　转账支票（黔）ZVI 00302090

出票日期(大写)　年　月　日　付款行名称：
收款人：　出票人账号：

人民币（大写）	百	十	万	千	百	十	元	角	分

用途＿＿＿＿
上列款项请从
我账户内支付
出票人签章　刘新阳印　万丰市宏伟有限公司 财务专用章

科　目：＿＿＿＿
对方科目：＿＿＿＿
转账日期　年　月　日
复核：　记账：

20-2

贵州增值税普通发票

发票联

开票日期：2022年12月19日　No.02067853

购买方	名　称：万丰市宏伟有限公司 纳税人识别号：520102722131158811 地址、电话：万丰市花溪大道68号（电话略） 开户行及账号：工商银行花溪大道分理处12000056783			密码区	（略）	
商品或劳务名称	计量单位	数量	单价	金额	税率%	税额
广告费	天	20	500.00	1000000	6	60000
合　计				¥1000000		60000
价税合计（大写）	壹万零陆佰元整			（小写）¥10 600.00		
销售方	名　称：贵州省广播电视信息网络股份有限公司 纳税人识别号：520104725131367711 地址、电话：万丰市市南路65号（电话略） 开户行及账号：建设银行市南路支行72733979070			备注	贵州省广播电视信息网络股份有限公司 520104725131367711 发票专用章	

第二联：发票联　购买方记账凭证

收款人：李春　复核：张玉兰　开票人：刘清青　销售方：(章)

21-1

中国工商银行（黔）
转账支票存根
ZVI 00302091

附加信息

出票日期　　年　月　日

收款人：	
金　额：	
用　途：	

单位主管：　　会计：

中国工商银行　转账支票（黔）ZVI 00302091

出票日期(大写)　　年　　月　　日　　付款行名称：
收款人：　　出票人账号：

人民币（大写）	百	十	万	千	百	十	元	角	分

用途________
上列款项请从
我账户内支付
出票人签章　　刘新阳印　　万丰市宏伟有限公司 财务专用章

科　　目：________
对方科目：________
转账日期
　　年　　月　　日
复核：　　记账：

21-2

贵州省行政事业性收费收据

贵州省财政厅 票据专用章

2022年12月20日　　No.30205240

交费单位	万丰市宏伟有限公司	收费许可证号	（黔）财发201934							
收费项目	收费标准	金额								
		百	十	万	千	百	十	元	角	分
捐赠				2	0	0	0	0	0	0
合计			¥	2	0	0	0	0	0	0
人民币（大写）贰万元整		交款方式　转账								

第二联　发票联

负责人：　　开票人：刘易　　收费单位：(签章)　万丰市儿童福利院 财务专用章

22-1

贵州增值税专用发票

记账联

（印章：统一发票监制章 国家税务总局 贵州省税务局）

开票日期：　　年　月　日　　　　　　　　No.02063474

<table>
<tr><td>购买方</td><td colspan="5">名　　称：万丰市农机公司
纳税人识别号：520358507376745511
地址、电话：万丰市黄河大道123号（电话略）
开户行及账号：农业银行黄河大道分理处62023658523</td><td>密码区</td><td>（略）</td></tr>
<tr><td colspan="2">货物或应税劳务、服务名称</td><td>单位</td><td>数量</td><td>单价</td><td>金额</td><td>税率</td><td>税额</td></tr>
<tr><td colspan="2"></td><td></td><td></td><td></td><td></td><td></td><td></td></tr>
<tr><td colspan="2">合　计</td><td></td><td></td><td></td><td></td><td></td><td></td></tr>
<tr><td colspan="2">价税合计（大写）</td><td colspan="6">（小写）</td></tr>
<tr><td>销售方</td><td colspan="5">名　　称：
纳税人识别号：
地址、电话：
开户行及账号：</td><td>备注</td><td></td></tr>
</table>

收款人：　　复核：　　开票人：　　销售方：（章）

第一联：记账联　销售方记账凭证

22-2

中国工商银行进账单（回单）　1

2022年12月20日　　　　　　第07854号

<table>
<tr><td>收款人</td><td>万丰市宏伟有限公司</td><td>付款人</td><td colspan="10">万丰市农机公司</td></tr>
<tr><td>账号</td><td>12000056783</td><td>账号</td><td colspan="10">62023658523</td></tr>
<tr><td>开户银行</td><td>工商银行花溪大道分理处</td><td>开户银行</td><td colspan="10">农业银行黄河大道分理处</td></tr>
<tr><td rowspan="2">人民币（大写）</td><td colspan="2" rowspan="2">伍拾肆万贰仟肆佰元整</td><td>千</td><td>百</td><td>十</td><td>万</td><td>千</td><td>百</td><td>十</td><td>元</td><td>角</td><td>分</td></tr>
<tr><td></td><td>¥</td><td>5</td><td>4</td><td>2</td><td>4</td><td>0</td><td>0</td><td>0</td><td>0</td></tr>
<tr><td rowspan="3" colspan="2">备注：
（印章：工行花溪大道分理处 2022.12.20 转讫）</td><td>票据种类</td><td colspan="10">转账支票</td></tr>
<tr><td>票据张数</td><td colspan="10">一张</td></tr>
<tr><td colspan="11">财务主管：　复核：　经办：
会计：　记账：</td></tr>
</table>

此联是收款人开户行交收款人作记账联

万丰市宏伟有限公司工资结算单

2022年12月　　　　单位:元

人员	应付工资				代扣款			实发工资额
	基本工资	津贴	奖金	合计	住房公积金	个人所得税	合计	
李军等生产工人	53 000	12 000	19 000	84 000	4 200	4 800	9 000	75 000
王文等车间管理人员	16 000	4 000	11 000	31 000	1 550	6 450	8 000	23 000
李玉等公司管理人员	42 000	6 000	13 000	61 000	3 050	15 950	19 000	42 000
王新等销售部门人员	14 000	5 000	8 000	27 000	1 350	7 650	9 000	18 000
合计	125 000	27 000	51 000	203 000	10 150	34 850	45 000	158 000

财务负责人:　　　　审核:　　　　制单:

23-2

中国工商银行（黔）
转账支票存根
ZVI 00302092

附加信息

出票日期 年 月 日

收款人：
金 额：
用 途：

单位主管： 会计：

中国工商银行 转账支票（黔）ZVI 00302092

出票日期（大写） 年 月 日 付款行名称：

收款人：职工工资户 出票人账号：

人民币（大写）	百	十	万	千	百	十	元	角	分

用途

上列款项请从

我账户内支付

出票人签章 刘新阳印 万丰市宏伟有限公司 财务专用章

科 目：

对方科目：

转账日期 年 月 日

复核： 记账：

24-1

中国工商银行（黔）
转账支票存根
ZVI 00302093

附加信息

出票日期 年 月 日

收款人：
金 额：
用 途：

单位主管： 会计：

中国工商银行 转账支票（黔）ZVI 00302093

出票日期（大写） 年 月 日 付款行名称：

收款人：万丰市公积金管理中心 出票人账号：

人民币（大写）	百	十	万	千	百	十	元	角	分

用途

上列款项请从

我账户内支付

出票人签章 刘新阳印 万丰市宏伟有限公司 财务专用章

科 目：

对方科目：

转账日期 年 月 日

复核： 记账：

24−2

中国工商银行（黔）
转账支票存根
ZVI 00302094

附加信息

出票日期　　年　月　日

收款人：	
金　额：	
用　途：	

单位主管：　　会计：

中国工商银行　转账支票（黔）ZVI 00302094

出票日期(大写)　　年　　月　　日　　付款行名称：

收款人：万丰市社保局　　出票人账号：

人民币（大写）	百	十	万	千	百	十	元	角	分

用途________

上列款项请从

我账户内支付

出票人签章　　刘新阳印　　万丰市宏伟有限公司 财务专用章

科　目：________

对方科目：________

转账日期　　年　月　日

复核：　　记账：

24−3

中国工商银行（黔）
转账支票存根
ZVI 00302095

附加信息

出票日期　　年　月　日

收款人：	
金　额：	
用　途：	

单位主管：　　会计：

中国工商银行　转账支票（黔）ZVI 00302095

出票日期(大写)　　年　　月　　日　　付款行名称：

收款人：万丰市宏伟有限公司工会　　出票人账号：

人民币（大写）	百	十	万	千	百	十	元	角	分

用途________

上列款项请从

我账户内支付

出票人签章　　刘新阳印　　万丰市宏伟有限公司 财务专用章

科　目：________

对方科目：________

转账日期　　年　月　日

复核：　　记账：

24-4

中华人民共和国

税收通用缴款书

〔地〕 (2022)建国缴24560067号

填发日期:2022年12月21日　　征收机关:万丰市税务局

缴款单位(人) 代码	520102722131158811	预算科目 编码	604320		
全称	万丰市宏伟有限公司	名称	个人所得税		
开户银行	工商银行花溪大道分理处	级次			
账号	12000056783	收缴国库	万丰市国库		
税款所属时期:2022年12月01日至2022年12月31日			税款限缴日期:2022年12月21日		
品目名称	课税数量	计税金额	税率或单位税额	已缴或扣除税额	实缴税额
					34 850.00
金额合计	(大写)叁万肆仟捌佰伍拾元整				¥34 850.00
税务机关 (签章)		缴款单位 (签章)	上列款项已收妥并划转收款单位账户。国库(银行)签章:		

第一联 缴款单位完税凭证

工行花溪大道分理处 2022.12.21 转讫

24-5

贵州省行政事业性收费收据

No.30205242

2022年12月21日

交费单位	万丰市宏伟有限公司	收费许可证号	(黔)财发202068							
收费项目	收费标准	金额								
		百	十	万	千	百	十	元	角	分
住房公积金				2	0	3	0	0	0	0
合计			¥	2	0	3	0	0	0	0
人民币(大写)贰万零叁佰元整		交款方式	转账							

第二联 发票联

负责人:　　开票人:刘兴　　收费单位:(签章)

24−6

贵州省行政事业性收费收据

贵州省财政厅 票据专用章

2022年12月21日　　　　No.30205243

交费单位	万丰市宏伟有限公司	收费许可证号	（黔）财发302072							
收费项目	收费标准	金额								
		百	十	万	千	百	十	元	角	分
职工五项保险金					8	1	2	0	0	0
合计				¥	8	1	2	0	0	0
人民币（大写）捌仟壹佰贰拾元整		交款方式	转账							

负责人：　　开票人：刘　军　　收费单位：（签章）

万丰市社保局 财务专用章

第二联　发票联

24−7

万丰市宏伟有限公司内部收据

2022年12月21日　　　　No.30203453

今　收　到

万丰市宏伟有限公司　交来　12月份工会经费　款

人民币（大写）肆仟零陆拾元整

（小写）¥ 4 060.00

备注：

万丰市宏伟有限公司工会 财务专用章

主管：　会计：　出纳：　经手人：刘　明

第一联　记账联

24-8

万丰市宏伟有限公司职工薪酬附加费计算单

2022年12月

人　　员	应付工资总额	工会经费（按应付工资总额的2%提取）	职工五项保险金（按应付工资总额的4%提取）	住房公积金
李军等生产工人	84 000	1 680	3 360	4 200
王文等车间管理人员	31 000	620	1 240	1 550
李玉等公司管理人员	61 000	1 220	2 440	3 050
王新等销售部门人员	27 000	540	1 080	1 350
合　　计	203 000	4 060	8 120	10 150

财务负责人:　　　　审核:　　　　制单:

25-1

中国工商银行委托收款凭证(付款通知) 3　　第　　号

委托日期:2022年12月18日　　　　托收号码:No.67801

付款人	全称	万丰市宏伟有限公司	收款人	全称	万丰市市南供电局
	账号	12000056783		账号	12000078543
	开户银行	工商银行花溪大道分理处		开户银行	工商银行万丰市支行
托收金额	人民币（大写）	伍万柒仟陆佰叁拾元整		千百十万千百十元角分	¥5763000
附件		付款内容		合同名称	
附寄单证张数	1	12月电费			

备注:

付款日期 2022年12月22日

付款行签章: 工行花溪大道分理处 2022.12.22 转讫

单位主管:　　会计:　　复核:　　记账: 李明

此联为付款人开户行交付款人按期付款的通知

25-2

贵州增值税专用发票

发票联

开票日期:2022年12月18日　　　　　　No.02063483

购买方	名　　称：万丰市宏伟有限公司 纳税人识别号：520102722131158811 地 址 、电 话：万丰市花溪大道68号（电话略） 开户行及账号：工商银行花溪大道分理处12000056783				密码区	（略）	
货物或应税劳务、服务名称	单位	数量	单价	金　额	税率	税　额	
工业用电	度	127 500	0.40	51 000.00	13%	6 630.00	
合　计				￥51 000.00		￥6 630.00	
价税合计（大写）	伍万柒仟陆佰叁拾元整					（小写）￥57 630.00	
销售方	名　　称：万丰市市南供电局 纳税人识别号：520102722467875511 地 址 、电 话：万丰市市南路58号（电话略） 开户行及账号：工商银行万丰市支行12000078543				备注	万丰市市南供电局 520102722467875511 发票专用章	

收款人：李　英　　复核：王　学　　开票人：刘　会　　销售方：（章）

第三联：发票联　购买方记账凭证

26-1

中国工商银行委托收款凭证(收款通知)　4　第　号

委托日期:2022年12月22日　　　　托收号码:No.67832

付款人	全　称	义力市兴农公司	收款人	全　称	万丰市宏伟有限公司
	账　号	13000068643		账　号	12000056783
	开户银行	工商银行海尔大道分理处		开户银行	工商银行花溪大道分理处
托收金额	人民币（大写）	壹拾捌万叁零陆拾元整		千百十万千百十元角分	￥18306000
附　件		商品发运情况		合同名称	
附寄单证张数	1	商业承兑汇票到期			
备注：		款项收妥日期		收款行签章：	工行花溪大道分理处 2022.12.22 转讫
单位主管：　会计：　复核：　记账：李明		2022年12月22日			

此联为收款人开户行交收款人按期收款的通知

27－1

贵州增值税专用发票

国家税务总局 发票联

开票日期：2022年12月25日 No. 02072635

购买方	名称：万丰市宏伟有限公司 纳税人识别号：520102722131158811 地址、电话：万丰市花溪大道68号（电话略） 开户行及账号：工商银行花溪大道分理处12000056783				密码区	（略）
货物或应税劳务、服务名称	单位	数量	单价	金额	税率	税额
A材料	吨	100	2 000.00	200 000.00	13%	26 000.00
B材料	吨	100	4 000.00	400 000.00	13%	52 000.00
合计				￥600 000.00		￥78 000.00
价税合计（大写）	陆拾柒万捌仟元整					（小写）￥678 000.00
销售方	名称：贵阳市特殊钢有限责任公司 纳税人识别号：520101432162322211 地址、电话：贵阳市油榨街23号（电话略） 开户行及账号：工行油榨街分理处12000065438				备注	贵阳市特殊钢有限责任公司 520101432162322211 发票专用章

收款人：李文　复核：张西　开票人：张青　销售方：（章）

第三联：发票联 购买方记账凭证

27－2

中国工商银行（黔）
转账支票存根
ZVI 00302096

附加信息

出票日期　年　月　日

收款人：
金　额：
用　途：

单位主管：　会计：

中国工商银行　转账支票（黔）ZVI 00302096

出票日期(大写)　年　月　日　付款行名称：
收款人：　出票人账号：

人民币（大写）

百	十	万	千	百	十	元	角	分

用途______

上列款项请从
我账户内支付

出票人签章　刘新阳印　万丰市宏伟有限公司 财务专用章

科　目：______
对方科目：______
转账日期　年　月　日
复核：　记账：

27－3

万丰市宏伟有限公司材料入库通知单

2022 年 12 月 25 日　　No. 484

材料名称	材质	规格	单位	数量		单价	金额	运杂费	金额合计	发货单位
				应收	实收					
A 材料			吨	100	100	2 000.00	200 000.00		200 000.00	贵钢
合计									￥200 000.00	

第二联　记账联

财务主管：　供应科长：李林　仓库验收：李平　采购员：张宇

27－4

万丰市宏伟有限公司材料入库通知单

2022 年 12 月 25 日　　No. 485

材料名称	材质	规格	单位	数量		单价	金额	运杂费	金额合计	发货单位
				应收	实收					
B 材料			吨	100	100	4 000.00	400 000.00		400 000.00	贵钢
合计									￥400 000.00	

第二联　记账联

财务主管：　供应科长：李林　仓库验收：李平　采购员：张宇

28-1

万丰市宏伟有限公司固定资产折旧计算表

2022年12月26日　　　　单位:元

会计科目	固定资产项目	固定资产原值			月折旧率	本月折旧额
		11月初余额	11月增加值	11月减少值		
制造费用	建筑物	12 420 000.00			0.5%	
	机器设备	3 600 000.00		100 000.00	1.5%	
	小　计	16 020 000.00				
管理费用	建筑物	8 276 200.00			0.5%	
	办公设备	150 000.00	150 000.00		1.5%	
	小　计	8 426 200.00				
合　计						

审核:　　　　制表:

29-1

贵州增值税普通发票

全国统一发票监制章 国家税务总局 贵州省税务局

发票联

开票日期：2022年12月28日　　　　No.202066975

购买方	名　　称：万丰市宏伟有限公司 纳税人识别号：520102722131158811 地址、电话：万丰市花溪大道68号（电话略） 开户行及账号：工商银行花溪大道分理处12000056783				密码区	（略）
商品或劳务名称	计量单位	数量	单价	金　额	税率%	税　额
餐饮服务	餐	1	12 135.92	12 135.92	3	36 408
合　计				¥12 135.92		¥36 408
价税合计（大写）	壹万贰仟伍佰元整				（小写）	¥12 500.00
销售方	名　　称：万丰市福临门大酒店 纳税人识别号：520103214486717111 地址、电话：万丰市市南路65号（电话略） 开户行及账号：建设银行市南路支行72733979070				备注	万丰市福临门大酒店 520103214486717111 发票专用章

第二联：发票联　购买方记账凭证

收款人：刘晓文　　复核：张兰　　开票人：王清青　　销售方：(章)

29-2

中国工商银行（黔）
转账支票存根
ZVI 00302097

附加信息

出票日期　年　月　日

收款人：
金　额：
用　途：

单位主管：　会计：

中国工商银行　转账支票（黔）ZVI 00302097

出票日期(大写)　年　月　日　付款行名称：
收款人：　出票人账号：

人民币（大写）	百	十	万	千	百	十	元	角	分

用途

上列款项请从
我账户内支付

出票人签章

刘新阳印

万丰市宏伟有限公司 财务专用章

科　目：
对方科目：
转账日期　年　月　日
复核：　记账：

30-1

中国工商银行委托收款凭证(付款通知)　3　第　号

委托日期:2022年12月26日　托收号码:No.67902

付款人	全称	万丰市宏伟有限公司	收款人	全称	万丰市自来水公司
	账号	12000056783		账号	12000058567
	开户银行	工商银行花溪大道分理处		开户银行	工商银行万丰市支行

托收金额	人民币（大写）陆仟伍佰肆拾元整	千	百	十	万	千	百	十	元	角	分
					¥	6	5	4	0	0	0

附件		付款内容	合同名称
附寄单证张数	1	12月水费	

备注：

付款日期 2022年12月29日

付款行签章：

工行花溪大道分理处 2022.12.29 转讫

单位主管：　会计：　复核：　记账：李明

此联为付款人开户行交付款人按期付款的通知

30-2

贵州增值税专用发票

发票联

开票日期：2022年12月26日　　　　№.02063485

购买方	名　　称：万丰市宏伟有限公司 纳税人识别号：520102722131158811 地 址 、电 话：万丰市花溪大道68号（电话略） 开户行及账号：工商银行花溪大道分理处12000056783					密码区	（略）
货物或应税劳务、服务名称		单位	数量	单　价	金　额	税率	税　额
工业用水		吨	2 500	2.40	6 000.00	9%	540.00
合　　计					￥6 000.00		￥540.00
价税合计（大写）		陆仟伍佰肆拾元整					（小写）￥6 540.00
销售方	名　　称：万丰市自来水公司 纳税人识别号：520102622465589911 地 址 、电 话：万丰市延安中路72号（电话略） 开户行及账号：工商银行万丰市支行12000058567					备注	万丰市自来水公司 520102622465589911 发票专用章

收款人：肖　斌　　复核：李　威　　开票人：钱文华　　销售方：（章）

第三联：发票联　购买方记账凭证

31-1

万丰市宏伟有限公司领料单

编号：1821
仓库：1#库

领料单位：基本生产车间　　2022年12月05日

材料名称及规格	用　途	计量单位	数量	
			请　领	实　领
A材料	生产甲产品	吨	80	80
A材料	生产乙产品	吨	60	60
A材料	车间一般耗用	吨	5	5
合　　计			145	145

记账：　　发料：王　立　　领料部门负责人：张晓海　　领料：王　英

第二联　记账联

31-2

万丰市宏伟有限公司领料单

编号:1822

领料单位:基本生产车间　　2022年12月05日　　仓库:1#库

材料名称及规格	用途	计量单位	数量	
			请领	实领
B材料	生产甲产品	吨	30	30
B材料	生产乙产品	吨	40	40
B材料	车间一般耗用	吨	2	2
合计			72	72

第二联 记账联

记账:　　发料:王立　　领料部门负责人:张晓海　　领料:王英

31-3

万丰市宏伟有限公司领料单

编号:1823

领料单位:采购部　　2022年12月05日　　仓库:1#库

材料名称及规格	用途	计量单位	数量	
			请领	实领
A材料	样品	吨	0.2	0.2
B材料	样品	吨	0.2	0.2
合计				

第二联 记账联

记账:　　发料:王立　　领料部门负责人:张晓海　　领料:王英

31－4

万丰市宏伟有限公司领料单

编号：1824
仓库：1#库

领料单位：基本生产车间　　2022年12月26日

材料名称及规格	用　途	计量单位	数量	
			请　领	实　领
A材料	生产甲产品	吨	40	40
A材料	生产乙产品	吨	30	30
A材料	车间一般耗用	吨	2	2
合　计			72	72

第二联　记账联

记账：　发料：王　立　领料部门负责人：张晓海　领料：王　英

31－5

万丰市宏伟有限公司领料单

编号：1825
仓库：1#库

领料单位：基本生产车间　　2022年12月26日

材料名称及规格	用　途	计量单位	数量	
			请　领	实　领
B材料	生产甲产品	吨	20	20
B材料	生产乙产品	吨	18	18
B材料	车间一般耗用	吨	1	1
合　计			39	39

第二联　记账联

记账：　发料：王　立　领料部门负责人：张晓海　领料：王　英

万丰市宏伟有限公司材料费用汇总表

2022年**12**月**30**日　　附件：　　张

借方科目	明细科目	材料种类	单　位	数　量	金　额	A材料		B材料	
						数　量	金　额	数　量	金　额
生产成本	甲产品	A材料	吨						
		B材料	吨						
		小　计	/	/					
	乙产品	A材料	吨						
		B材料	吨						
		小　计	/	/					
制造费用	材料费用	A材料	吨						
		B材料	吨						
		小　计	/	/					
管理费用	材料费用	A材料	吨						
		B材料	吨						
		小　计	/	/					
合　　计			/	/					

万丰市宏伟有限公司水电费耗用情况统计表

2022年12月31日

耗用部门	电费			水费			水电费合计
	单位	数量	金额	单位	数量	金额	
生产车间生产用	度	100 000		吨	1 200		
生产车间一般用	度	12 000		吨	300		
采购部	度	2 200		吨	300		
经营部	度	2 300		吨	200		
财务部	度	1 500		吨	80		
人事部	度	1 700		吨	20		
董事会办公室	度	2 200		吨	80		
纪、检、审办公室	度	800		吨	20		
仓储部	度	3 700		吨	160		
销售部	度	1 100		吨	140		
合计	度	127 500	51 000.00	吨	2 500	6 000.00	57 000.00

审核:　　　　　　　　　　　　制表:

32-2

万丰市宏伟有限公司水电费分配表

2022年**12**月**31**日

借方科目	明细科目	实耗生产工时（分配标准）	分配率	水电费分配金额
生产成本	甲产品			
	乙产品			
	小计			
制造费用	水电费			
管理费用	水电费			
销售费用	水电费			
合计				

审核:　　　　制表:

33-1

万丰市宏伟有限公司职工薪酬费用汇总表

2022年**12**月**31**日

人员	应付工资总额	工会经费	职工五项保险金	住房公积金	合计
李军等生产工人	***84 000***	***1 680***	***3 360***	***4 200***	
王文等车间管理人员	***31 000***	***620***	***1 240***	***1 550***	
李玉等公司管理人员	***61 000***	***1 220***	***2 440***	***3 050***	
王新等销售部门人员	***27 000***	***540***	***1 080***	***1 350***	
合计	***203 000***	***4 060***	***8 120***	***10 150***	

审核:　　　　制表:

33−2

万丰市宏伟有限公司职工薪酬费用分配表

2022年**12**月**31**日

借方科目	明细科目	实耗生产工时（分配标准）	分　配　率	职工薪酬费用
生产成本	甲产品			
	乙产品			
	小　计			
制造费用	职工薪酬费用			
管理费用	职工薪酬费用			
销售费用	职工薪酬费用			
合　　计				

审核:　　　　　　　　制表:

34−1

万丰市宏伟有限公司制造费用分配表

2022年**12**月**31**日

借方科目	明细科目	实耗生产工时（分配标准）	分　配　率	制造费用分配金额
生产成本	甲产品			
	乙产品			
合　　计				

审核:　　　　　　　　制表:

35-1

万丰市宏伟有限公司生产成本计算单

品种:**甲产品** 完工产品:**3 000**件,月末在产品:**200**件,完工程度:**50%**

成本项目	直接材料费	直接水电费	直接人工费	制造费用	合　计
期初在产品成本	**152 000**	**6 200**	**13 000**	**8 500**	**179 700**
本月费用					
费用合计					
费用分配率					
完工产品成本					
月末在产品成本					

审核:　　　　　　　　制表:

35-2

万丰市宏伟有限公司生产成本计算单

品种:**乙产品** 完工产品:**2 000**件,月末在产品:**1 000**件,完工程度:**50%**

成本项目	直接材料费	直接水电费	直接人工费	制造费用	合　计
期初在产品成本	**82 000**	**3 200**	**8 200**	**4 500**	**97 900**
本月费用					
费用合计					
费用分配率					
完工产品成本					
月末在产品成本					

审核:　　　　　　　　制表:

35-3

万丰市宏伟有限公司入库完工产品成本汇总表

2022年12月31日　　　　附件：4张

名　称	材　质	规　格	计量单位	数　量		实际总成本	单位成本
				送　验	实　收		
甲产品							
乙产品							
合　计							

35-4

万丰市宏伟有限公司产成品入库通知单

仓库名称：产成品仓库　　2022年12月10日　　No. 30200101

名　称	材　质	规　格	计量单位	数　量		送验单位
				送验	实收	
甲产品			件	1 000	1 000	基本生产车间
乙产品			件	800	800	
合　计						

第二联　记账联

仓库主管：李玉峰　　记账：　　验收：李　平　　送验人：马小辉

35-5

万丰市宏伟有限公司产成品入库通知单

仓库名称：产成品仓库　　2022年12月19日　　No. 30200102

名　称	材　质	规　格	计量单位	数　量		送验单位
				送验	实收	
甲产品			件	2 000	2 000	基本生产车间
乙产品			件	1 200	1 200	
合　计						

第二联　记账联

仓库主管：李玉峰　　记账：　　验收：李　平　　送验人：马小辉

36-1

万丰市宏伟有限公司已售产品成本汇总表

2022年12月31日　　附件:4张

名　称	计量单位	已销售数量	单位成本	销售总成本
甲产品				
乙产品				
合　计				

仓库主管:李玉峰　　记账:　　发货人:李平

36-2

万丰市宏伟有限公司产成品出库单

购货单位:义力市兴农公司　　编号:30200201

业务员:程立志　　2022年12月02日　　仓库:产成品仓库

品　种	编　号	规　格	计量单位	数量	
				销售	实发
乙产品			件	450	450
合　计				450	450

第二联　记账联

仓库主管:李玉峰　　记账:　　发货人:李平

36－3

万丰市宏伟有限公司产成品出库单

购货单位：安顺农机公司　　　　　　　　　　　　编号：30200202

业务员：程立志　　　　2022年12月06日　　　　仓库：产成品仓库

品　种	编　号	规　格	计量单位	数　量	
				销售	实发
甲产品			件	200	200
合　计				200	200

第二联　记账联

仓库主管：李玉峰　　　　记账：　　　　发货人：李平

36－4

万丰市宏伟有限公司产成品出库单

购货单位：南宁农机公司　　　　　　　　　　　　编号：30200203

业务员：程立志　　　　2022年12月13日　　　　仓库：产成品仓库

品　种	编　号	规　格	计量单位	数　量	
				销售	实发
甲产品			件		
合　计					

第二联　记账联

仓库主管：李玉峰　　　　记账：　　　　发货人：李平

36－5

万丰市宏伟有限公司产成品出库单

购货单位：万丰市农机公司　　　　　　　　　　　　编号：30200204

业务员：程立志　　　　2022年12月20日　　　　仓库：产成品仓库

品　种	编　号	规　格	计量单位	数　量	
				销售	实发
甲产品			件	600	600
乙产品			件	500	500
合　计				1 100	1 100

第二联　记账联

仓库主管：李玉峰　　　　记账：　　　　发货人：李平

37－1

万丰市宏伟有限公司应交增值税计算表

2022年12月31日

项　目	销项税	进项税	应交增值税
销售甲产品			
销售乙产品			
购进A材料			
购进B材料			
其　他			
合　计			

财务负责人：　　　　审核：　　　　制表：

38－1

万丰市宏伟有限公司应交销售税费计算表

2022年**12**月**31**日

项　　目	计税依据（应交增值税税额）	计税（费）率	应交销售税费额
城市维护建设税		***7%***	
教育费附加		***3%***	
合　　计			

财务负责人:　　　　　　审核：　　　　　　制表：

39－1

万丰市宏伟有限公司借款利息费用计算表

2022年**12**月**31**日

借款种类	期初借款			本期借款			利息费用合计
	本　金	利息率	利息额	本　金	利息率	利息额	
短期借款							
长期借款							
合　计							

财务负责人:　　　　　　审核：　　　　　　制表：

40－1

万丰市宏伟有限公司无形资产价值摊销计算表

2022年12月31日

项　目	原始价值	取得时间	摊销期限	本月摊销额
土地使用权	10 000 000	2020年1月1日	50年	
专利A	1 200 000	2021年1月10日	10年	
专利B	900 000	2022年1月5日	10年	
非专利技术	30 000	2022年12月14日	10年	
合　计				

财务负责人:　　　　审核:　　　　制表:

41－1

万丰市宏伟有限公司国债利息收益计算表

2022年12月31日

项　目	面　值	期　限	利息率	付息时间	取得时间	本年利息
债权投资 ——国库券	200 000	3年	9%	每年1月1日	2022年1月1日	
合　计						

财务负责人:　　　　审核:　　　　制表:

42-1

万丰市宏伟有限公司坏账准备计提表

2022年12月31日

账　　龄	应收账款金额	坏账准备计提率	坏账准备计提额
未到期		**0.5%**	
逾期1个月以上	**200 000.00**	**1%**	
逾期半年以上	**300 000.00**	**3%**	
逾期1年以上	**100 000.00**	**10%**	
逾期两年以上	**50 000.00**	**50%**	
合　　计		—	

财务负责人:　　　　审核:　　　　制表:

43-1

万丰市宏伟有限公司

交易性金融资产公允价值变动损益计算表

2022年12月31日

金融资产种类	数量（股）	账面价值		公允价值		公允价值变动损益
		单　价	金　额	单　价	金　额	

财务负责人:　　　　审核:　　　　制表:

44－1

万丰市宏伟有限公司收入科目汇总表

2022年12月31日

序　号	收入性损益科目	金　额
1	主营业务收入	
2	其他业务收入	
3	投资收益（收入）	
4	公允价值变动损益（收入）	
5	营业外收入	
6	合　计	

财务负责人:　　　　审核:　　　　制表:

44－2

万丰市宏伟有限公司费用科目汇总表

2022年12月31日

序号	费用性损益科目	金额	序号	费用性损益科目	金额
1	主营业务成本		7	管理费用	
2	其他业务成本		8	销售费用	
3	税金及附加		9	财务费用	
4	投资收益（损失）		10	营业外支出	
5	公允价值变动损益（损失）		11		
6	信用减值损失		12	合　计	

财务负责人:　　　　审核:　　　　制表:

45－1

万丰市宏伟有限公司所得税计算表

2022年12月31日

序号	项　　目	金　　额
一	税前会计利润	
1	加：调增项目	50 000
2	减：调减项目	30 000
3	应纳税所得额	
4	所得税税率	25%
二	本年应交所得税	
1	发生的应纳税暂时性差异	25 000
2	发生的可抵扣暂时性差异	10 000
三	递延所得税费用	
四	所得税费用	

财务负责人:　　　　审核:　　　　制表:

46－1

万丰市宏伟有限公司盈余公积计提计算表

2022年12月31日

项　　目	计提依据			计提率	计提金额
	本年净利润	以前年度未弥补亏损	计提依据		
金　　额					
法定盈余公积					
任意盈余公积					
合　　计					

财务负责人:　　　　审核:　　　　制表:

47-1

万丰市宏伟有限公司股利分配计算表

2022年12月31日

项　目	分配依据				分配率	分配金额
	本年净利润	年初未分配利润	已分配利润	可供分配利润		
利　润						
应付股利						
股　东	持股比例			现金股利		
万丰市国有控股公司						
李　斌						
王　维						
合　计						

财务负责人:　　　　审核:　　　　制表:

48-1

万丰市宏伟有限公司盈余公积计提计算表

2022年12月31日

利润分配情况		利润实行情况	
项　目	金　额	项　目	金　额
提取法定盈余公积		年初未分配利润	
提取任意盈余公积		本年实现净利润	
应付股利			
合　计		年末未分配利润	

财务负责人:　　　　审核:　　　　制表:

第三部分 实验用记账凭证

1-1

付款凭证

贷方科目：　　　　　年　　月　　日　　　　　______字第____号

摘要	借方科目		金额											记账符号
	总账科目	明细科目	亿	千	百	十	万	千	百	十	元	角	分	
合计														

附原始凭证　　张

会计主管：　　　记账：　　　审核：　　　出纳：　　　制单：

2-1

付款凭证

贷方科目：　　　　　年　　月　　日　　　　　______字第____号

摘要	借方科目		金额											记账符号
	总账科目	明细科目	亿	千	百	十	万	千	百	十	元	角	分	
合计														

附原始凭证　　张

会计主管：　　　记账：　　　审核：　　　出纳：　　　制单：

3-1

付款凭证

贷方科目：　　　　　　　　　　年　　月　　日　　　　　　　　　　______字第____号

摘要	借方科目		金额											记账符号
	总账科目	明细科目	亿	千	百	十	万	千	百	十	元	角	分	
合计														

附原始凭证　张

会计主管：　　　　记账：　　　　审核：　　　　出纳：　　　　制单：

4-1

转账凭证

年　　月　　日　　　　　　　　　　______字第____号

摘要	总账科目	明细科目	借方金额											贷方金额											记账符号
			亿	千	百	十	万	千	百	十	元	角	分	亿	千	百	十	万	千	百	十	元	角	分	
合计																									

附原始凭证　张

会计主管：　　　　记账：　　　　审核：　　　　制单：

5-1

付 款 凭 证

贷方科目： 年 月 日 ____字第____号

摘要	借方科目		金额											记账符号
	总账科目	明细科目	亿	千	百	十	万	千	百	十	元	角	分	
合计														

附原始凭证 张

会计主管： 记账： 审核： 出纳： 制单：

5-2

转 账 凭 证

年 月 日 ____字第____号

摘要	总账科目	明细科目	借方金额											贷方金额											记账符号
			亿	千	百	十	万	千	百	十	元	角	分	亿	千	百	十	万	千	百	十	元	角	分	
合计																									

附原始凭证 张

会计主管： 记账： 审核： 制单：

6-1

付 款 凭 证

贷方科目：　　　　　　　　年　　月　　日　　　　　　　　____字第____号

摘要	借方科目		金额											记账符号
	总账科目	明细科目	亿	千	百	十	万	千	百	十	元	角	分	
合计														

附原始凭证　张

会计主管：　　　记账：　　　审核：　　　出纳：　　　制单：

7-1

付 款 凭 证

贷方科目：　　　　　　　　年　　月　　日　　　　　　　　____字第____号

摘要	借方科目		金额											记账符号
	总账科目	明细科目	亿	千	百	十	万	千	百	十	元	角	分	
合计														

附原始凭证　张

会计主管：　　　记账：　　　审核：　　　出纳：　　　制单：

8-1

付 款 凭 证

贷方科目：　　　　　　　　年　　月　　日　　　　　　　　＿＿字第＿＿号

摘　要	借方科目		金　额											记账符号
	总账科目	明细科目	亿	千	百	十	万	千	百	十	元	角	分	
合　计														

附原始凭证　张

会计主管：　　　记账：　　　审核：　　　出纳：　　　制单：

9-1

转 账 凭 证

年　　月　　日　　　　　　　　＿＿字第＿＿号

摘　要	总账科目	明细科目	借方金额											贷方金额											记账符号
			亿	千	百	十	万	千	百	十	元	角	分	亿	千	百	十	万	千	百	十	元	角	分	
合　计																									

附原始凭证　张

会计主管：　　　记账：　　　审核：　　　制单：

9-2

收 款 凭 证

借方科目：　　　　　　　　年　　月　　日　　　　　　　　＿＿字第＿＿号

摘要	贷方科目		金额											记账符号
	总账科目	明细科目	亿	千	百	十	万	千	百	十	元	角	分	
合计														

附原始凭证　张

会计主管：　　　　记账：　　　　审核：　　　　出纳：　　　　制单：

10-1

收 款 凭 证

借方科目：　　　　　　　　年　　月　　日　　　　　　　　＿＿字第＿＿号

摘要	贷方科目		金额											记账符号
	总账科目	明细科目	亿	千	百	十	万	千	百	十	元	角	分	
合计														

附原始凭证　张

会计主管：　　　　记账：　　　　审核：　　　　出纳：　　　　制单：

11-1

付款凭证

贷方科目：　　　　年　月　日　　　　____字第____号

摘要	借方科目		金额											记账符号
	总账科目	明细科目	亿	千	百	十	万	千	百	十	元	角	分	
合计														

附原始凭证　张

会计主管：　记账：　审核：　出纳：　制单：

12-1

付款凭证

贷方科目：　　　　年　月　日　　　　____字第____号

摘要	借方科目		金额											记账符号
	总账科目	明细科目	亿	千	百	十	万	千	百	十	元	角	分	
合计														

附原始凭证　张

会计主管：　记账：　审核：　出纳：　制单：

13-1

付款凭证

贷方科目：　　　　　　年　　月　　日　　　　　　＿＿字第＿＿号

摘要	借方科目		金额											记账符号
	总账科目	明细科目	亿	千	百	十	万	千	百	十	元	角	分	
合计														

附原始凭证　张

会计主管：　　记账：　　审核：　　出纳：　　制单：

14-1

付款凭证

贷方科目：　　　　　　年　　月　　日　　　　　　＿＿字第＿＿号

摘要	借方科目		金额											记账符号
	总账科目	明细科目	亿	千	百	十	万	千	百	十	元	角	分	
合计														

附原始凭证　张

会计主管：　　记账：　　审核：　　出纳：　　制单：

14-2

转账凭证

年　月　日　　　　　　＿＿字第＿＿号

摘要	总账科目	明细科目	借方金额											贷方金额											记账符号
			亿	千	百	十	万	千	百	十	元	角	分	亿	千	百	十	万	千	百	十	元	角	分	
合计																									

附原始凭证　张

会计主管：　记账：　审核：　制单：

15-1

付款凭证

贷方科目：　　年　月　日　　　　　　＿＿字第＿＿号

摘要	借方科目		金额											记账符号
	总账科目	明细科目	亿	千	百	十	万	千	百	十	元	角	分	
合计														

附原始凭证　张

会计主管：　记账：　审核：　出纳：　制单：

16−1

转账凭证

年　月　日　　　　____字第____号

摘要	总账科目	明细科目	借方金额											贷方金额											记账符号
			亿	千	百	十	万	千	百	十	元	角	分	亿	千	百	十	万	千	百	十	元	角	分	
合计																									

附原始凭证　张

会计主管：　　记账：　　审核：　　制单：

16−2

收款凭证

借方科目：　　年　月　日　　　　____字第____号

摘要	贷方科目		金额											记账符号
	总账科目	明细科目	亿	千	百	十	万	千	百	十	元	角	分	
合计														

附原始凭证　张

会计主管：　　记账：　　审核：　　出纳：　　制单：

17-1

付款凭证

贷方科目：　　　　　　　　年　　月　　日　　　　　　　　____字第____号

摘　　要	借方科目		金　　额											记账符号
	总账科目	明细科目	亿	千	百	一	万	千	百	十	元	角	分	
合　　计														

附原始凭证　　张

会计主管：　　　记账：　　　审核：　　　出纳：　　　制单：

18-1

转账凭证

年　　月　　日　　　　　　　　____字第____号

摘　　要	总账科目	明细科目	借方金额											贷方金额											记账符号
			亿	千	百	十	万	千	百	十	元	角	分	亿	千	百	十	万	千	百	十	元	角	分	
合　　计																									

附原始凭证　　张

会计主管：　　　记账：　　　审核：　　　制单：

18-2

收 款 凭 证

借方科目：　　　　　　年　　月　　日　　　　　　____字第____号

摘　要	贷方科目		金　额											记账符号
	总账科目	明细科目	亿	千	百	十	万	千	百	十	元	角	分	
合　计														

附原始凭证　张

会计主管：　　记账：　　审核：　　出纳：　　制单：

19-1

付 款 凭 证

贷方科目：　　　　　　年　　月　　日　　　　　　____字第____号

摘　要	借方科目		金　额											记账符号
	总账科目	明细科目	亿	千	百	十	万	千	百	十	元	角	分	
合　计														

附原始凭证　张

会计主管：　　记账：　　审核：　　出纳：　　制单：

20-1

付款凭证

贷方科目：　　　　　　　　年　　月　　日　　　　　　　　____字第____号

摘要	借方科目		金额											记账符号
	总账科目	明细科目	亿	千	百	十	万	千	百	十	元	角	分	
合计														

附原始凭证　　张

会计主管：　　记账：　　审核：　　出纳：　　制单：

21-1

付款凭证

贷方科目：　　　　　　　　年　　月　　日　　　　　　　　____字第____号

摘要	借方科目		金额											记账符号
	总账科目	明细科目	亿	千	百	十	万	千	百	十	元	角	分	
合计														

附原始凭证　　张

会计主管：　　记账：　　审核：　　出纳：　　制单：

22-1

收 款 凭 证

借方科目：　　　　　　年　　月　　日　　　　　　＿＿字第＿＿号

摘　要	贷方科目		金　额											记账符号
	总账科目	明细科目	亿	千	百	十	万	千	百	十	元	角	分	
合　计														

附原始凭证　　张

会计主管：　　记账：　　审核：　　出纳：　　制单：

23-1

付 款 凭 证

贷方科目：　　　　　　年　　月　　日　　　　　　＿＿字第＿＿号

摘　要	借方科目		金　额											记账符号
	总账科目	明细科目	亿	千	百	十	万	千	百	十	元	角	分	
合　计														

附原始凭证　　张

会计主管：　　记账：　　审核：　　出纳：　　制单：

23-2

转 账 凭 证

年　　月　　日　　　　　　　　　　　　　　＿＿字 第＿＿号

摘　　要	总账科目	明细科目	借方金额											贷方金额											记账符号
			亿	千	百	十	万	千	百	十	元	角	分	亿	千	百	十	万	千	百	十	元	角	分	
合　　计																									

附原始凭证　　张

会计主管：　　　　记账：　　　　审核：　　　　制单：

24-1

付 款 凭 证

贷方科目：　　　　　年　　月　　日　　　　　　　　＿＿字 第＿＿号

摘　　要	借方科目		金额											记账符号
	总账科目	明细科目	亿	千	百	十	万	千	百	十	元	角	分	
合　　计														

附原始凭证　　张

会计主管：　　　　记账：　　　　审核：　　　　出纳：　　　　制单：

24-2

付 款 凭 证

贷方科目：　　　　　　　　年　　月　　日　　　　　　　　____字第____号

摘　要	借方科目		金额											记账符号
	总账科目	明细科目	亿	千	百	十	万	千	百	十	元	角	分	
合　计														

附原始凭证　张

会计主管：　　　记账：　　　审核：　　　出纳：　　　制单：

24-3

付 款 凭 证

贷方科目：　　　　　　　　年　　月　　日　　　　　　　　____字第____号

摘　要	借方科目		金额											记账符号
	总账科目	明细科目	亿	千	百	十	万	千	百	十	元	角	分	
合　计														

附原始凭证　张

会计主管：　　　记账：　　　审核：　　　出纳：　　　制单：

24-4

付款凭证

贷方科目：　　　　　　　　年　　月　　日　　　　　　　　____字第____号

摘要	借方科目		金额											记账符号
	总账科目	明细科目	亿	千	百	十	万	千	百	十	元	角	分	
合计														

附原始凭证　张

会计主管：　　记账：　　审核：　　出纳：　　制单：

25-1

付款凭证

贷方科目：　　　　　　　　年　　月　　日　　　　　　　　____字第____号

摘要	借方科目		金额											记账符号
	总账科目	明细科目	亿	千	百	十	万	千	百	十	元	角	分	
合计														

附原始凭证　张

会计主管：　　记账：　　审核：　　出纳：　　制单：

26-1

收款凭证

借方科目：　　　　　　　　　　年　　月　　日　　　　　　　　　　____字第____号

摘要	贷方科目		金额											记账符号
	总账科目	明细科目	亿	千	百	十	万	千	百	十	元	角	分	
合计														

附原始凭证　　张

会计主管：　　　记账：　　　审核：　　　出纳：　　　制单：

27-1

付款凭证

贷方科目：　　　　　　　　　　年　　月　　日　　　　　　　　　　____字第____号

摘要	借方科目		金额											记账符号
	总账科目	明细科目	亿	千	百	十	万	千	百	十	元	角	分	
合计														

附原始凭证　　张

会计主管：　　　记账：　　　审核：　　　出纳：　　　制单：

28-1

转账凭证

年　月　日　　　　____字第____号

摘要	总账科目	明细科目	借方金额											贷方金额											记账符号
			亿	千	百	十	万	千	百	十	元	角	分	亿	千	百	十	万	千	百	十	元	角	分	
合计																									

附原始凭证　张

会计主管：　　记账：　　审核：　　制单：

29-1

付款凭证

贷方科目：　　年　月　日　　　　____字第____号

摘要	借方科目		金额											记账符号
	总账科目	明细科目	亿	千	百	十	万	千	百	十	元	角	分	
合计														

附原始凭证　张

会计主管：　　记账：　　审核：　　出纳：　　制单：

30－1

付款凭证

贷方科目：　　　　　　年　月　日　　　　　　＿＿字第＿＿号

摘要	借方科目		金额											记账符号
	总账科目	明细科目	亿	千	百	十	万	千	百	十	元	角	分	
合计														

附原始凭证　张

会计主管：　　记账：　　审核：　　出纳：　　制单：

31－1

转账凭证

年　月　日　　　　　　＿＿字第＿＿号

摘要	总账科目	明细科目	借方金额											贷方金额											记账符号
			亿	千	百	十	万	千	百	十	元	角	分	亿	千	百	十	万	千	百	十	元	角	分	
合计																									

附原始凭证　张

会计主管：　　记账：　　审核：　　制单：

31-2

转账凭证

年 月 日　　　　____字第____号

摘要	总账科目	明细科目	借方金额											贷方金额											记账符号
			亿	千	百	十	万	千	百	十	元	角	分	亿	千	百	十	万	千	百	十	元	角	分	
合计																									

附原始凭证　张

会计主管：　　记账：　　审核：　　制单：

32-1

转账凭证

年 月 日　　　　____字第____号

摘要	总账科目	明细科目	借方金额											贷方金额											记账符号
			亿	千	百	十	万	千	百	十	元	角	分	亿	千	百	十	万	千	百	十	元	角	分	
合计																									

附原始凭证　张

会计主管：　　记账：　　审核：　　制单：

32-2

转 账 凭 证

年　　月　　日　　　　　　　　　　＿＿＿字 第＿＿＿号

摘　　要	总账科目	明细科目	借方金额											贷方金额											记账符号
			亿	千	百	十	万	千	百	十	元	角	分	亿	千	百	十	万	千	百	十	元	角	分	
合　　计																									

附原始凭证　　张

会计主管：　　　　记账：　　　　审核：　　　　制单：

33-1

转 账 凭 证

年　　月　　日　　　　　　　　　　＿＿＿字 第＿＿＿号

摘　　要	总账科目	明细科目	借方金额											贷方金额											记账符号
			亿	千	百	十	万	千	百	十	元	角	分	亿	千	百	十	万	千	百	十	元	角	分	
合　　计																									

附原始凭证　　张

会计主管：　　　　记账：　　　　审核：　　　　制单：

33-2

转账凭证

年 月 日　　　　______字第____号

摘　　要	总账科目	明细科目	借方金额											贷方金额											记账符号
			亿	千	百	十	万	千	百	十	元	角	分	亿	千	百	十	万	千	百	十	元	角	分	
合　　计																									

附原始凭证　张

会计主管：　　　记账：　　　审核：　　　制单：

34-1

转账凭证

年 月 日　　　　______字第____号

摘　　要	总账科目	明细科目	借方金额											贷方金额											记账符号
			亿	千	百	十	万	千	百	十	元	角	分	亿	千	百	十	万	千	百	十	元	角	分	
合　　计																									

附原始凭证　张

会计主管：　　　记账：　　　审核：　　　制单：

35-1

转账凭证

年　月　日　　　　____字第____号

摘要	总账科目	明细科目	借方金额											贷方金额											记账符号
			亿	千	百	十	万	千	百	十	元	角	分	亿	千	百	十	万	千	百	十	元	角	分	
合计																									

附原始凭证　张

会计主管：　记账：　审核：　制单：

36-1

转账凭证

年　月　日　　　　____字第____号

摘要	总账科目	明细科目	借方金额											贷方金额											记账符号
			亿	千	百	十	万	千	百	十	元	角	分	亿	千	百	十	万	千	百	十	元	角	分	
合计																									

附原始凭证　张

会计主管：　记账：　审核：　制单：

37-1

转 账 凭 证

年　　月　　日　　　　＿＿字第＿＿号

摘　　要	总账科目	明细科目	借方金额											贷方金额											记账符号
			亿	千	百	十	万	千	百	十	元	角	分	亿	千	百	十	万	千	百	十	元	角	分	
合　计																									

附原始凭证　张

会计主管：　　记账：　　审核：　　制单：

38-1

转 账 凭 证

年　　月　　日　　　　＿＿字第＿＿号

摘　　要	总账科目	明细科目	借方金额											贷方金额											记账符号
			亿	千	百	十	万	千	百	十	元	角	分	亿	千	百	十	万	千	百	十	元	角	分	
合　计																									

附原始凭证　张

会计主管：　　记账：　　审核：　　制单：

39-1

转 账 凭 证

年 月 日 ____字第____号

摘　　要	总账科目	明细科目	借方金额											贷方金额											记账符号
			亿	千	百	十	万	千	百	十	元	角	分	亿	千	百	十	万	千	百	十	元	角	分	
合　　计																									

附原始凭证　张

会计主管：　　记账：　　审核：　　制单：

40-1

转 账 凭 证

年 月 日 ____字第____号

摘　　要	总账科目	明细科目	借方金额											贷方金额											记账符号
			亿	千	百	十	万	千	百	十	元	角	分	亿	千	百	十	万	千	百	十	元	角	分	
合　　计																									

附原始凭证　张

会计主管：　　记账：　　审核：　　制单：

41-1

转账凭证

年　月　日　　　　　　＿＿字第＿＿号

摘要	总账科目	明细科目	借方金额											贷方金额											记账符号
			亿	千	百	十	万	千	百	十	元	角	分	亿	千	百	十	万	千	百	十	元	角	分	
合计																									

附原始凭证　张

会计主管：　　记账：　　审核：　　制单：

42-1

转账凭证

年　月　日　　　　　　＿＿字第＿＿号

摘要	总账科目	明细科目	借方金额											贷方金额											记账符号
			亿	千	百	十	万	千	百	十	元	角	分	亿	千	百	十	万	千	百	十	元	角	分	
合计																									

附原始凭证　张

会计主管：　　记账：　　审核：　　制单：

43-1

转账凭证

年　月　日　　　　______字第____号

摘　要	总账科目	明细科目	借方金额											贷方金额											记账符号
			亿	千	百	十	万	千	百	十	元	角	分	亿	千	百	十	万	千	百	十	元	角	分	
合　计																									

附原始凭证　张

会计主管：　　记账：　　审核：　　制单：

44-1

转账凭证

年　月　日　　　　______字第____号

摘　要	总账科目	明细科目	借方金额											贷方金额											记账符号
			亿	千	百	十	万	千	百	十	元	角	分	亿	千	百	十	万	千	百	十	元	角	分	
合　计																									

附原始凭证　张

会计主管：　　记账：　　审核：　　制单：

44-2

转 账 凭 证

年　　月　　日　　　　　　　　＿＿字第＿＿号

摘　　要	总账科目	明细科目	借方金额											贷方金额											记账符号
			亿	千	百	十	万	千	百	十	元	角	分	亿	千	百	十	万	千	百	十	元	角	分	
合　　计																									

附原始凭证　　张

会计主管：　　　　记账：　　　　审核：　　　　制单：

45-1

转 账 凭 证

年　　月　　日　　　　　　　　＿＿字第＿＿号

摘　　要	总账科目	明细科目	借方金额											贷方金额											记账符号
			亿	千	百	十	万	千	百	十	元	角	分	亿	千	百	十	万	千	百	十	元	角	分	
合　　计																									

附原始凭证　　张

会计主管：　　　　记账：　　　　审核：　　　　制单：

45-2

转账凭证

年　月　日　　　　______字第______号

摘要	总账科目	明细科目	借方金额											贷方金额											记账符号
			亿	千	百	十	万	千	百	十	元	角	分	亿	千	百	十	万	千	百	十	元	角	分	
合计																									

附原始凭证　张

会计主管：　　记账：　　审核：　　制单：

46-1

转账凭证

年　月　日　　　　______字第______号

摘要	总账科目	明细科目	借方金额											贷方金额											记账符号
			亿	千	百	十	万	千	百	十	元	角	分	亿	千	百	十	万	千	百	十	元	角	分	
合计																									

附原始凭证　张

会计主管：　　记账：　　审核：　　制单：

47－1

转 账 凭 证

年 月 日 ____字第____号

摘要	总账科目	明细科目	借方金额											贷方金额											记账符号
			亿	千	百	十	万	千	百	十	元	角	分	亿	千	百	十	万	千	百	十	元	角	分	
合计																									

附原始凭证 张

会计主管： 记账： 审核： 制单：

48－1

转 账 凭 证

年 月 日 ____字第____号

摘要	总账科目	明细科目	借方金额											贷方金额											记账符号
			亿	千	百	十	万	千	百	十	元	角	分	亿	千	百	十	万	千	百	十	元	角	分	
合计																									

附原始凭证 张

会计主管： 记账： 审核： 制单：

48-2

转账凭证

年 月 日　　　　　　　　____字第____号

摘要	总账科目	明细科目	借方金额											贷方金额											记账符号
			亿	千	百	十	万	千	百	十	元	角	分	亿	千	百	十	万	千	百	十	元	角	分	
合计																									

附原始凭证　张

会计主管：　　　记账：　　　审核：　　　制单：

备用凭证

付款凭证

贷方科目：　　　　　　　　年　　月　　日　　　　　　＿＿字第＿＿号

摘要	借方科目		金额											记账符号
	总账科目	明细科目	亿	千	百	十	万	千	百	十	元	角	分	
合计														

附原始凭证　张

会计主管：　　　记账：　　　审核：　　　出纳：　　　制单：

付款凭证

贷方科目：　　　　　　　　年　　月　　日　　　　　　＿＿字第＿＿号

摘要	借方科目		金额											记账符号
	总账科目	明细科目	亿	千	百	十	万	千	百	十	元	角	分	
合计														

附原始凭证　张

会计主管：　　　记账：　　　审核：　　　出纳：　　　制单：

付款凭证

贷方科目：　　　　年　月　日　　　　____字第____号

摘要	借方科目		金额											记账符号
	总账科目	明细科目	亿	千	百	十	万	千	百	十	元	角	分	
合计														

附原始凭证　张

会计主管：　　记账：　　审核：　　出纳：　　制单：

付款凭证

贷方科目：　　　　年　月　日　　　　____字第____号

摘要	借方科目		金额											记账符号
	总账科目	明细科目	亿	千	百	十	万	千	百	十	元	角	分	
合计														

附原始凭证　张

会计主管：　　记账：　　审核：　　出纳：　　制单：

付款凭证

贷方科目：　　　　年　月　日　　　　____字第____号

摘要	借方科目		金额											记账符号
	总账科目	明细科目	亿	千	百	十	万	千	百	十	元	角	分	
合计														

附原始凭证　张

会计主管：　　记账：　　审核：　　出纳：　　制单：

付款凭证

贷方科目：　　　　年　月　日　　　　____字第____号

摘要	借方科目		金额											记账符号
	总账科目	明细科目	亿	千	百	十	万	千	百	十	元	角	分	
合计														

附原始凭证　张

会计主管：　　记账：　　审核：　　出纳：　　制单：

付款凭证

贷方科目：　　　　年　月　日　　　　____字第____号

摘要	借方科目		金额											记账符号
	总账科目	明细科目	亿	千	百	十	万	千	百	十	元	角	分	
合计														

附原始凭证　张

会计主管：　记账：　审核：　出纳：　制单：

付款凭证

贷方科目：　　　　年　月　日　　　　____字第____号

摘要	借方科目		金额											记账符号
	总账科目	明细科目	亿	千	百	十	万	千	百	十	元	角	分	
合计														

附原始凭证　张

会计主管：　记账：　审核：　出纳：　制单：

付款凭证

贷方科目：　　　　　　　　年　　月　　日　　　　　　＿＿字第＿＿号

摘　要	借方科目		金额											记账符号
	总账科目	明细科目	亿	千	百	十	万	千	百	十	元	角	分	
合　计														

附原始凭证　张

会计主管：　　记账：　　审核：　　出纳：　　制单：

付款凭证

贷方科目：　　　　　　　　年　　月　　日　　　　　　＿＿字第＿＿号

摘　要	借方科目		金额											记账符号
	总账科目	明细科目	亿	千	百	十	万	千	百	十	元	角	分	
合　计														

附原始凭证　张

会计主管：　　记账：　　审核：　　出纳：　　制单：

收款凭证

借方科目：　　　　　　　　年　月　日　　　　　　　　____字第____号

摘要	贷方科目		金额											记账符号
	总账科目	明细科目	亿	千	百	十	万	千	百	十	元	角	分	
合计														

附原始凭证　张

会计主管：　　记账：　　审核：　　出纳：　　制单：

收款凭证

借方科目：　　　　　　　　年　月　日　　　　　　　　____字第____号

摘要	贷方科目		金额											记账符号
	总账科目	明细科目	亿	千	百	十	万	千	百	十	元	角	分	
合计														

附原始凭证　张

会计主管：　　记账：　　审核：　　出纳：　　制单：

收款凭证

借方科目：　　　　年　月　日　　　　____字第____号

摘要	贷方科目		金额											记账符号
	总账科目	明细科目	亿	千	百	十	万	千	百	十	元	角	分	
合计														

附原始凭证　张

会计主管：　记账：　审核：　出纳：　制单：

收款凭证

借方科目：　　　　年　月　日　　　　____字第____号

摘要	贷方科目		金额											记账符号
	总账科目	明细科目	亿	千	百	十	万	千	百	十	元	角	分	
合计														

附原始凭证　张

会计主管：　记账：　审核：　出纳：　制单：

收 款 凭 证

借方科目：　　　　年　月　日　　　　____字第____号

摘　要	贷方科目		金　额											记账符号
	总账科目	明细科目	亿	千	百	十	万	千	百	十	元	角	分	
合　计														

附原始凭证　张

会计主管：　　记账：　　审核：　　出纳：　　制单：

收 款 凭 证

借方科目：　　　　年　月　日　　　　____字第____号

摘　要	贷方科目		金　额											记账符号
	总账科目	明细科目	亿	千	百	十	万	千	百	十	元	角	分	
合　计														

附原始凭证　张

会计主管：　　记账：　　审核：　　出纳：　　制单：

收款凭证

借方科目：　　　　　　　　年　　月　　日　　　　　　　＿＿字第＿＿号

摘要	贷方科目		金额											记账符号
	总账科目	明细科目	亿	千	百	十	万	千	百	十	元	角	分	
合计														

附原始凭证　张

会计主管：　　　记账：　　　审核：　　　出纳：　　　制单：

收款凭证

借方科目：　　　　　　　　年　　月　　日　　　　　　　＿＿字第＿＿号

摘要	贷方科目		金额											记账符号
	总账科目	明细科目	亿	千	百	十	万	千	百	十	元	角	分	
合计														

附原始凭证　张

会计主管：　　　记账：　　　审核：　　　出纳：　　　制单：

转账凭证

年　　月　　日　　　　　　　　＿＿＿字第＿＿＿号

摘要	总账科目	明细科目	借方金额											贷方金额											记账符号
			亿	千	百	十	万	千	百	十	元	角	分	亿	千	百	十	万	千	百	十	元	角	分	
合计																									

附原始凭证　　张

会计主管：　　　　记账：　　　　审核：　　　　制单：

转账凭证

年　　月　　日　　　　　　　　＿＿＿字第＿＿＿号

摘要	总账科目	明细科目	借方金额											贷方金额											记账符号
			亿	千	百	十	万	千	百	十	元	角	分	亿	千	百	十	万	千	百	十	元	角	分	
合计																									

附原始凭证　　张

会计主管：　　　　记账：　　　　审核：　　　　制单：

转账凭证

年　月　日　　　　　　　　　　　　____字第____号

摘要	总账科目	明细科目	借方金额											贷方金额											记账符号
			亿	千	百	十	万	千	百	十	元	角	分	亿	千	百	十	万	千	百	十	元	角	分	
合计																									

附原始凭证　张

会计主管：　　　　记账：　　　　审核：　　　　制单：

转账凭证

年　月　日　　　　　　　　　　　　____字第____号

摘要	总账科目	明细科目	借方金额											贷方金额											记账符号
			亿	千	百	十	万	千	百	十	元	角	分	亿	千	百	十	万	千	百	十	元	角	分	
合计																									

附原始凭证　张

会计主管：　　　　记账：　　　　审核：　　　　制单：

转账凭证

年　月　日　　　　＿＿字第＿＿号

摘要	总账科目	明细科目	借方金额											贷方金额											记账符号
			亿	千	百	十	万	千	百	十	元	角	分	亿	千	百	十	万	千	百	十	元	角	分	
合计																									

附原始凭证　张

会计主管：　　记账：　　审核：　　制单：

转账凭证

年　月　日　　　　＿＿字第＿＿号

摘要	总账科目	明细科目	借方金额											贷方金额											记账符号
			亿	千	百	十	万	千	百	十	元	角	分	亿	千	百	十	万	千	百	十	元	角	分	
合计																									

附原始凭证　张

会计主管：　　记账：　　审核：　　制单：

装订线

凭证封面

总号	
第　册	共　册

年　　月份

自　　日至　　日

凭证种类	起讫号数	凭证张数	附件张数	备注
	—			
	—			
	—			
	—			
	—			

主管：　　　　会计：　　　　装订：

抽出凭证登记表

抽出日期	抽出凭证张数、号数				抽出理由	抽出人盖章	会计主管盖章	归还日期	备注
	记账凭证编号	名称	张数	金额					

装订线

凭证封面

总号	
第　　册	共　　册

年　　月份

自　　日至　　日

凭证种类	起讫号数	凭证张数	附件张数	备注
	—			
	—			
	—			
	—			
	—			

主管：　　　　会计：　　　　装订：

抽出凭证登记表

抽出日期	抽出凭证张数、号数				抽出理由	抽出人盖章	会计主管盖章	归还日期	备注
	记账凭证编号	名称	张数	金额					

万丰市宏伟有限公司

科目汇总表

时间：　　年　月　日至　日　　　　科汇字第　号

借方发生额	科　目	贷方发生额

万丰市宏伟有限公司

科 目 汇 总 表

时间：　　年　月　日至　日　　　　　　　　科汇字第　号

借方发生额	科　目	贷方发生额

万丰市宏伟有限公司

科目汇总表

时间：　　　年　　月　　日至　　日　　　　　　　　科汇字第　号

借方发生额	科　目	贷方发生额

万丰市宏伟有限公司

科目汇总表

时间：　　　年　　月　　日至　　日　　　　　　　　科汇字第　号

借方发生额	科　目	贷方发生额

实验2 出纳岗位

第一部分 实验预备知识

一、出纳岗位

出纳工作是管理货币资金、票据、有价证券进出的一项工作。具体地说，出纳是按照有关规定和制度，办理本单位的现金收付、银行结算及有关账务，保管库存现金、有价证券、财务印章及有关票据等工作的总称。从广义上讲，只要是票据、货币资金和有价证券的收付、保管、核算，都属于出纳工作。

出纳是会计工作的重要环节，涉及现金收付、银行结算等活动，而这些又直接关系到职工个人、单位乃至国家的经济利益。出纳工作出了差错，就会造成不可挽回的损失。因此，明确出纳人员的职责和权限，是做好出纳工作的起码条件。根据《中华人民共和国会计法》《会计基础工作规范》等财会法规，出纳员的工作职责有以下几个方面：

1.按照国家有关现金管理和银行结算制度的规定，办理现金收付和银行结算业务。出纳员应严格遵守现金开支范围，非现金结算范围内的业务不得用现金收付。同时，出纳员还要遵守《银行支付结算办法》的有关规定，不得签发空头和远期票据，挪用和套取银行存款。

2.负责现金支票等银行结算凭单，银行定期存款存单，股票、债券等有价证券和贵重物品的保管。

3.负责人民币现金、外汇现金的保管。遵守库存现金限额。超限额的现金按规定及时送存银行。每日收到的现金要及时送存银行，不得“坐支”现金。不得超限额保存现金。不私借、挪用公款。不能用开支单据和“白条”顶替库存现金。不为其他单位、部门用支票套取现金。

4.负责库存现金、银行存款日记账的逐笔登记。根据记账凭证编制库存现金日报表，并经主管会计审签。每天下班前盘点库存现金，做到现金日清月结。

5.负责库存现金、银行存款账的对账工作，做到账实相符、账账相符。及时编制“银行存款余额调节表”，做好未达账项的清理工作，防止呆账形成。定期或不定期地接受财务负责人、主管会计对库存现金、银行存款账的抽查。

规模较大、业务复杂、有两名以上出纳人员的企业，要在出纳部门内部实行岗位责任制，要对出纳人员的工作进行明确的分工，使每一项出纳工作都有出纳人员负责，每一个出纳人员都有明确的职责。出纳人员的具体分工，要从管理的要求和工作便利等方面综合考虑。通常可按现金与银行存款、银行存款的不同户头、票据与有价证券的办理等工作性质的差异进行分工，也可以将整个出纳工作划分为不同的阶段和步骤，按工作阶段和步骤进行分工。对于公司内部“结算中心”式的出纳机构中的人员分工，还可以按不同分公司定岗位定人。

二、库存现金日记账

库存现金日记账是由出纳人员根据库存现金的收款凭证和付款凭证（在只设通用记账凭证的单位，根据记账凭证中涉及现金收付业务的凭证）逐日逐笔序时登记的，用来专门登记现金收入和支出业务的日记账。

库存现金日记账的格式一般有两种：一种是三栏式，另一种是多栏式。库存现金日记账通常采用三栏式日记账。三栏式日记账是将库存现金的收入、支出和结余记录在同一张账页上。各收入和支出栏的对方账户（或称对应账户、对方科目、对应科目）另设专栏反映，也可不设对方账户栏。

库存现金日记账应由出纳人员根据审核无误的原始凭证、现金收款凭证、现金付款凭证和银行存款付款凭证（指从银行提取现金的业务）逐日逐笔序时登记。为及时地了解和掌握现金的收支情况和结存数额，该账簿应及时登记，并于每日终了计算本日现金收入、支出合计数和结存数，并且同库存现金实存数核对相符。月份终了，"库存现金日记账"的余额应与"库存现金总账"的余额相符，做到日清月结，保证账实相符、账账相符。

三、银行存款日记账

银行存款日记账是由出纳人员根据银行存款的收款凭证和付款凭证（在只设通用记账凭证的单位，根据记账凭证中涉及银行存款收付业务的凭证）逐日逐笔序时登记的，用来专门登记银行存款收入和支出业务的日记账。

银行存款日记账的格式一般有两种：一种是三栏式，另一种是多栏式。银行存款日记账通常采用三栏式日记账。

银行存款日记账应由出纳人员根据审核无误的原始凭证、银行存款收款凭证、银行存款付款凭证和现金付款凭证（指将现金存入银行的业务）逐日逐笔序时登记。为及时地了解和掌握银行存款的收支情况和结存数额，该账簿应及时登记，并于每日终了计算本日银行存款收入、支出合计数和结存数。

为确保银行存款账账相符、账实相符，月份终了，应将"银行存款日记账"的余额与"银行存款总账"的余额核对相符。同时还应将"银行存款日记账"定期与"银行对账单"核对，至少每月核对一次。核对时，双方余额如果不一致，其原因可能是记账差错，也可能是存在未达账项。企业应按月编制"银行存款余额调节表"，以查明"银行存款日记账"与"银行对账单"余额不相符是否为未达账项造成的。

未达账项是指企业与银行之间由于凭证传递的时间不一致，而造成的一方已经登记入账而另一方尚未入账的款项。未达账项包括以下四种情况：①银行已经收款记账、企业尚未记账的款项；②银行已经付款记账、企业尚未记账的款项；③企业已经收款记账、银行尚未记账的款项；④企业已经付款记账、银行尚未记账的款项。只要存在以上四种情况中的任何一种，都会导致企业"银行存款日记账"与"银行对账单"的余额不符。

在对银行存款清查过程中，应该首先找出未达账项，编制"银行存款余额调节表"，对存款余额调节以后，再进行核对。

银行存款余额调节表的编制方法一般采用差额计算法。银行存款余额调节表的格式如下表。

银行存款余额调节表

项　目	金　额	项　目	金　额
企业银行存款日记账余额	×××	银行对账单余额	×××
加：企业未入账的收入款项 减：企业未入账的支出款项	××× ×××	加：银行未入账的收入款项 减：银行未入账的支出款项	××× ×××
调节后的余额	×××	调节后的余额	×××

通过编制“银行存款余额调节表”对有关项目调节后，如果双方余额相等，一般说明双方记账没有错误；如果不等，则表明记账有错误，需进一步查明原因。采用这种方法进行调节，所得到的调节后的余额是企业可以动用的款项。需要指出的是，“银行存款余额调节表”只起到对账的作用，不能作为调节账面余额的凭证。“银行存款日记账”的登记还应待收到有关原始凭证后再进行。

第二部分　实验项目设计

一、实验目的

通过本实验项目的实习，使学生熟悉出纳岗位的工作内容和出纳人员的工作职责。掌握库存现金日记账和银行存款日记账的登记，以及库存现金和银行存款的清查方法，牢记库存现金、银行存款等货币资金管理必须做到日清月结、账账相符、账实相符，确保货币资金安全完整。

二、实验操作要求

1.要求参与实验的学生根据模拟实验企业发生的涉及库存现金收支的经济业务编制的记账凭证，登记库存现金日记账。

2.要求参与实验的学生根据模拟实验企业发生的涉及银行存款收支的经济业务编制的记账凭证，登记银行存款日记账。

3.将“银行存款日记账”与“银行对账单”进行核对，找出未达账项，编制“银行存款余额调节表”。

三、实验资料

(一)模拟实验企业资料

模拟实验企业资料见实验1设计的万丰市宏伟有限公司的有关资料，以及按要求编制的记账凭证。

(二)万丰市宏伟有限公司2022年12月份银行存款对账单

ICBC 中国工商银行

存款对账单

账号:12000056783

户名:万丰市宏伟有限公司<基>

日期:2022年12月31日

编号:30205467

币种:人民币

2022年		摘要	借方									贷方									借或贷	余额								
月	日		百	十	万	千	百	十	元	角	分	百	十	万	千	百	十	元	角	分		百	十	万	千	百	十	元	角	分
11	30	期末余额																			贷	1	2	8	0	0	0	0	0	0
12	1	转账支票(ZVI 00201954)											1	8	2	0	0	0	0	0	贷	1	4	6	2	0	0	0	0	0
12	1	转账支票(ZVI 00201984)			1	2	0	0	0	0	0										贷	1	4	5	0	0	0	0	0	0
12	1	现金支票(XVI 00201980)				8	0	0	0	0	0										贷	1	4	4	2	0	0	0	0	0
12	2	税收缴款书(14560045)		1	5	3	0	0	0	0	0										贷	1	2	8	9	0	0	0	0	0
12	2	税收缴款书(24560035)			1	0	7	1	0	0	0										贷	1	2	7	8	2	9	0	0	0
12	2	税收缴款书(24560036)				4	5	9	0	0	0										贷	1	2	7	3	7	0	0	0	0
12	3	托收承付(221)		4	4	2	0	0	0	0	0										贷		8	3	1	7	0	0	0	0
12	3	结算手续费(2654)						3	0	0	0										贷		8	3	1	6	7	0	0	0
12	3	银行汇票划转(08345)		1	0	0	0	0	0	0	0										贷		7	3	1	6	7	0	0	0
12	4	结算手续费(2673)						5	0	0	0										贷		7	3	1	6	2	0	0	0
12	6	进账单(12543)											1	0	3	0	0	0	0	0	贷		8	3	4	6	2	0	0	0

续表

2022年		摘要	借方									贷方									借或贷	余额								
月	日		百	十	万	千	百	十	元	角	分	百	十	万	千	百	十	元	角	分		百	十	万	千	百	十	元	角	分
12	10	进账单(12553)										2	0	0	0	0	0	0	0	0	贷	2	8	3	4	6	2	0	0	0
12	12	转账支票(ZVI 00201985)			1	2	0	0	0	0	0										贷	2	8	2	2	6	2	0	0	0
12	13	转账支票(ZVI 00201986)				3	0	9	0	0	0										贷	2	8	1	9	5	3	0	0	0
12	13	托收承付(6951)			5	8	3	5	0	0	0										贷	2	7	6	1	1	8	0	0	0
12	15	转账支票(ZVI 00201987)				3	2	0	0	0	0										贷	2	7	5	7	9	8	0	0	0
12	15	进账单(12643)													6	6	0	0	0	0	贷	2	7	6	4	5	8	0	0	0
12	17	转账支票(ZVI 00201988)			3	0	0	0	0	0	0										贷	2	7	3	4	5	8	0	0	0
12	20	转账支票(ZVI 00201989)				7	5	1	4	5	0										贷	2	7	2	7	0	6	5	5	0
12	20	进账单(12654)											5	4	2	4	0	0	0	0	贷	3	2	6	9	4	6	5	5	0
12	20	转账支票(ZVI 00201990)			1	0	6	0	0	0	0										贷	3	2	5	8	8	6	5	5	0
12	21	转账支票(ZVI 00201991)			2	0	0	0	0	0	0										贷	3	2	3	8	8	6	5	5	0
12	21	税收缴款书(24560067)			3	4	8	5	0	0	0										贷	3	2	0	4	0	1	5	5	0
12	22	委托收款(67801)			5	7	6	3	0	0	0										贷	3	1	4	6	3	8	5	5	0

续表

2022年		摘要	借方									贷方									借或贷	余额								
月	日		百	十	万	千	百	十	元	角	分	百	十	万	千	百	十	元	角	分		百	十	万	千	百	十	元	角	分
12	22	委托收款(67832)											1	8	3	0	6	0	0	0	贷	3	3	2	9	4	5	5	0	0
12	24	转账支票(ZVI 00201992)		1	5	8	0	0	0	0	0										贷	3	1	7	1	4	4	5	5	0
12	28	转账支票(ZVI 00201993)			2	0	3	0	0	0	0										贷	3	1	5	1	1	4	5	5	0
12	28	转账支票(ZVI 00201994)				8	1	2	0	0	0										贷	3	1	4	3	0	2	5	5	0
12	29	转账支票(ZVI 00201995)				4	0	6	0	0	0										贷	3	1	3	8	9	6	5	5	0
12	29	委托收款(67902)				6	5	4	0	0	0										贷	3	1	3	2	4	2	5	5	0
12	30	托收承付(67821)		2	5	0	0	0	0	0	0										贷	2	8	8	2	4	2	5	5	0
12	31	信汇(2008568)											3	5	0	0	0	0	0	0	贷	3	2	3	2	4	2	5	5	0

备注说明:12月1日:转账支票(ZVI 100302054)、转账支票(ZVI 00302084)为上月企业已入账、银行未入账的未达账项。

万丰市宏伟有限公司

库存现金日记账

2022年度

库存现金 日记账

年		凭证		摘要	对应科目	借方													核对号	贷方													核对号	借或贷	余额												
月	日	字	号			百	十	亿	千	百	十	万	千	百	十	元	角	分		百	十	亿	千	百	十	万	千	百	十	元	角	分			百	十	亿	千	百	十	万	千	百	十	元	角	分

第26页

库存现金 日记账

年		凭证		摘要	对应科目	借方													核对号	贷方													核对号	借或贷	余额												
月	日	字	号			百	十	亿	千	百	十	万	千	百	十	元	角	分		百	十	亿	千	百	十	万	千	百	十	元	角	分			百	十	亿	千	百	十	万	千	百	十	元	角	分

库存现金日记账

年		凭证		摘要	对应科目	借方													核对号	贷方													核对号	借或贷	余额												
月	日	字	号			百	十	亿	千	百	十	万	千	百	十	元	角	分		百	十	亿	千	百	十	万	千	百	十	元	角	分			百	十	亿	千	百	十	万	千	百	十	元	角	分

万丰市宏伟有限公司

银行存款日记账

2022年度

银行存款 日记账

年		凭证		结算方式					摘要	对应科目	借方													核对号	贷方													核对号	借或贷	余额												
月	日	字	号	支票号码	付委	汇款	托收	其他			百	十	亿	千	百	十	万	千	百	十	元	角	分		百	十	亿	千	百	十	万	千	百	十	元	角	分			百	十	亿	千	百	十	万	千	百	十	元	角	分

第36页

银行存款日记账

年		凭证		结算方式					摘要	对应科目	借方													核对号	贷方													核对号	借或贷	余额												
月	日	字	号	支票号码	付委	汇款	托收	其他			百	十	亿	千	百	十	万	千	百	十	元	角	分		百	十	亿	千	百	十	万	千	百	十	元	角	分			百	十	亿	千	百	十	万	千	百	十	元	角	分

银行存款日记账

年		凭证		结算方式					摘要	对应科目	借方													核对号	贷方													核对号	借或贷	余额												
月	日	字	号	支票号码	付委	汇款	托收	其他			百	十	亿	千	百	十	万	千	百	十	元	角	分		百	十	亿	千	百	十	万	千	百	十	元	角	分			百	十	亿	千	百	十	万	千	百	十	元	角	分

银行存款日记账

年		凭证		结算方式					摘要	对应科目	借方													核对号	贷方													核对号	借或贷	余额												
月	日	字	号	支票号码	付委	汇款	托收	其他			百	十	亿	千	百	十	万	千	百	十	元	角	分		百	十	亿	千	百	十	万	千	百	十	元	角	分			百	十	亿	千	百	十	万	千	百	十	元	角	分

银行存款余额调节表

2022年12月31日

项目		金额	项目		金额
企业银行存款日记账余额			银行对账单余额		
加:银行已入账、企业未入账的收入款项			加:企业已入账、银行未入账的收入款项		
减:银行已入账、企业未入账的支出款项			减:企业已入账、银行未入账的支出款项		
调节后的余额			调节后的余额		

实验3　会计账簿登记

第一部分　实验预备知识

一、会计账簿

会计账簿是以会计凭证为依据，全面地、连续地、系统地、科学地记录和反映会计主体某一类或全部经济业务的簿籍。它是由具有专门格式而又相互联系在一起的若干账页组成的。账簿是账户的载体。

设置和登记会计账簿，可以为经营管理提供系统、完整的会计核算资料，可以正确地计算成本费用和经营成果，为财务成果的分配提供依据。利用账簿提供的资料进行账实核对，可以检查账实是否相符，从而有利于保证各项财产物资和资金的安全完整和合理使用。账簿所提供的资料既是编制财务报表的主要依据，又是进行财务分析和会计检查的必要依据。通过设置和登记账簿，既便于保存会计资料和日后查阅使用，又便于会计核算工作的分工。

会计账簿按其用途可分为序时账簿、分类账簿和备查账簿三种。序时账簿（简称序时账）是按照经济业务发生时间的先后顺序，逐日逐笔登记的账簿。由于它逐日逐笔按照顺序进行登记，所以又称为日记账簿（简称日记账）。分类账簿（简称分类账）是对全部经济业务按照总分类账户和明细分类账户进行分类登记的账簿。备查账簿（简称备查账）是对某些在序时账和分类账等主要账簿中未能记载的经济事项进行补充登记的账簿，又称辅助账簿。

会计账簿按其外表形式可分为订本式账簿、活页式账簿和卡片式账簿三种。订本式账簿是一种在启用以前就将若干账页固定装订成册的账簿。活页式账簿是把若干账页装存在账夹内，可以随时取出和放入账页的账簿。卡片式账簿是把若干具有专门格式的硬卡或硬纸账卡放在卡片箱内，可以随时取放的账簿。

会计账簿由封面、扉页和账页三部分组成。封面：写明账簿的名称和记账单位的名称；扉页：填列账簿启用日期、截止日期、页数、册次、经管人员及会计主管签章、账户目录等；账页：用来具体记录经济业务的部分，其格式主要有三栏式、数量金额式和多栏式三种。

在会计账簿启用时，要填写“账簿启用和经营人员一览表”。会计账簿登记必须用蓝、黑墨水笔书写。红色墨水笔只能在结账、划线、改错和冲账时使用。各种账簿必须逐页、逐行且顺序、连续登记，不得隔页、跳行登记。每登记满一张账页时，应加计本页发生额总数，结出余额，并将其填写在账页最末一行，注明“转次页”字样。在下一页的第一行重复上页的数字，并注明“承前页”字样。

二、总分类账簿

总分类账簿（简称总账）是根据总分类科目开设账户，用来分类登记全部经济业务，提供各种资产、负债、所有者权益、费用、成本、收入、利润等总括核算资料的分类账簿。

总账一般采用三栏式的订本式账簿，由会计人员登记完成。总账的登记取决于企业采用的会计核算程序，可以直接根据记账凭证逐笔进行登记（记账凭证核算程序），也可以先根据记账凭证定期汇总编制汇总记账凭证，再根据汇总记账凭证登记（汇总记账凭证核算程序），还可以先根据记账凭证定期汇总编制记账凭证汇总表（又称科目汇总表），再根据记账凭证汇总表登记（记账凭证汇总表核算程序）。

三、明细分类账簿

明细分类账簿（简称明细账），通常是根据总分类科目设置，按所属二级或明细科目开设账户，用来分类登记某一类经济业务，提供明细核算资料的分类账簿。

明细账的格式通常有三种，即三栏式、数量金额式和多栏式（或分析式）。明细账一般采用活页式或卡片式。对于重要的明细账也要采用订本式。

1. 三栏式明细分类账

三栏式明细分类账只设有借方、贷方和余额三个金额栏，不设数量栏。这种格式的明细分类账主要适用于只要求进行金额核算而不要求进行数量核算的账户。

2. 数量金额式明细分类账

数量金额式明细分类账是既能提供货币指标，又能提供实物指标的明细分类账。数量金额式明细分类账设收入、发出和结存三大栏，每大栏下又分别设置数量、单价和金额三小栏。这种格式的明细分类账主要适用于既要进行金额核算、又要进行数量核算的各种实物资产的账户。

3. 多栏式明细分类账

多栏式明细分类账同以上两种明细分类账不同。它不是按照有关的明细科目分设账页的，而是根据经济业务的特点和提供资料的要求，在一张账页内的借方、贷方按有关明细科目或明细项目分设若干专栏，以提供明细项目的详细资料。这种格式的明细分类账主要适用于有关费用、成本和收入，以及财务成果类等科目的明细分类核算。多栏式明细分类账又可分为单方细数多栏式明细账和双方细数多栏式明细账及特种多栏式明细账三种。

（1）单方细数多栏式明细账

单方细数多栏式明细账是对借方（或贷方）发生额的详细情况设置一系列专栏来单独反映的一种账簿。这种账簿的格式一般不设置贷方（或借方）栏及余额栏。因为这类账户只反映借方（或贷方）单方向的详细数据，所以，称为单方细数多栏式明细账。这类明细账的特点是其贷方（或借方）只在每月月底转出有关费用（或收入）时才登记一笔，所以不专门为此设置贷方（或借方）栏，且一般这类明细账月末大多没有余额，因此也不设置余额栏。当要登记有关贷方（或借方）金额时，就在借方（或贷方）用红字转出。若有余额，则记在当月贷方（或借方）发生额的下一行内。单方细数多栏式明细账适用于费用、成本、收入类科目的明细分类核算。

（2）双方细数多栏式明细账

双方细数多栏式明细账是对借、贷双方发生额的详细情况分别设置一系列专栏来单独反映的一种账簿。因为这类明细账户同时反映借、贷双方的详细数据，所以称为双方细数多栏式明细账。它适用于财务成果类科目的明细分类核算。

（3）物资采购特种多栏式明细账

此种账簿的格式是一种特种账簿格式，即在账页的每一横行里登记某一经济业务的始末。支付物资采购货款的记录及材料验料入库的记录都在账页的一个横行里反映。其最显著的特点就是，在账户的一个横行里既登记付款日期又登记收料日期。这种明细账的登记方法称为横线登记法。

各种明细分类账的登记方法，应根据经济业务的繁简和经营管理的实际需要而定。可以直接根据原始凭证、记账凭证及原始凭证汇总表逐笔登记，也可以根据这些凭证逐日或定期汇总后登记。

四、对账和结账

为保证各种账簿记录的完整性和正确性，如实反映和控制经济活动情况，为编制财务报表提供真实可靠的数据资料，必须定期或不定期地对会计账簿记录进行核对，做到账证相符、账账相符和账实相符。对账的内容主要有：

1.账证核对。账证核对是指将各种账簿记录与有关的记账凭证和原始凭证进行核对，一般采取抽查核对的办法。

2.账账核对。账账核对是指各种账簿之间有关数字的核对，一般采取编制总分类账户本期发生额、余额试算平衡表和总分类账户与所属明细分类账户对照表的办法。具体核对内容主要包括：①总分类账中各账户本期借方发生额合计数与贷方发生额合计数应核对相符，借方期末余额合计数与贷方期末余额合计数核对相符。②总分类账中有关账户的发生额和余额与其所属各明细分类账户的发生额之和及余额之和应分别核对相符。③库存现金日记账和银行存款日记账的发生额和余额与总分类账中该账户的发生额和余额核对相符。④会计部门各种财产物资明细分类账的发生额和余额与财产物资保管部门或使用部门的有关财产物资保管账的发生额和余额核对相符。

3.账实核对。账实核对是指将各种财产物资、货币资金的账面余额与实有数进行核对，一般采取实地盘点的方法。具体核对内容包括：①库存现金日记账的余额与现金实际库存数逐日核对相符。②银行存款日记账的余额与开户银行对账单定期（一般每月核对一次）核对相符。③各种财产物资明细分类账的结存数量与实存数量定期（一般每年至少核对一次）核对相符。④各种债权债务明细分类账的余额应经常或定期与有关的债务人和债权人核对相符。

结账就是在会计期间终了时对账簿记录进行的结算工作，也就是在把一定时期内所发生的经济业务全部登记入账的基础上，将各种账簿的记录结算清楚。结账工作主要包括以下几个方面的内容：

1.结账前，首先要查明在本会计期间内所发生的经济业务是否已经全部取得凭证，并已记入有关的账簿。

2.本期内所有的转账业务，应编成记账凭证记入有关账簿，以调整账簿记录。

3.在本期全部经济业务均已登记入账的基础上，结出库存现金日记账、银行存款日记账以及总分类账和明细分类账各账户的本期发生额和余额，并结转下期（一般年底结账时才做结转下年的工作）。

根据结账时期不同，结账可分为月结、季结和年结三种。

第二部分　实验项目设计

一、实验目的

通过本实验项目的实习，使学生熟悉会计账簿的设置、分类、登记与结账和对账等工作。掌握总分类账簿、明细分类账簿登记，牢记会计核算必须做到账证相符、账账相符、账实相符，保证各种账簿记录的完整性和正确性，如实反映和控制经济活动情况，为编制财务报表提供真实可靠的数据资料。

二、实验操作要求

1.要求参与实验的学生根据模拟实验企业提供的资料（见实验1）开设总分类账簿，根据科目汇总表汇总登记总分类账簿，并进行结账。

2.要求参与实验的学生根据模拟实验企业提供的资料（见实验1）开设明细分类账簿，根据原始凭证和记账凭证逐笔登记明细分类账簿，并进行结账。

3.要求参与实验的学生根据登记的总分类账簿编制总分类账户本期发生额及余额试算平衡表，以检查总分类账簿登记的正确性。

4.要求参与实验的学生根据登记的明细分类账簿编制明细分类账户对照表，以检查明细分类账簿登记的正确性。

三、实验资料

模拟实验企业资料见实验1设计的万丰市宏伟有限公司的有关资料，以及按要求编制的记账凭证。

万丰市宏伟有限公司

总分类账簿

2022年度

会计账簿启用及监管人员一览表

单位名称			账簿名称	
账簿册数	共　　册	第　　册	账簿编号	
账簿页数		启用日期		
会计主管		记账人员		

交接情况记录：

接交人		移交人		监交人	

会计科目目录表

科目名称	账页页码	科目名称	账页页码	科目名称	账页页码
库存现金	1	预收账款	18	主营业务成本	35
银行存款	2	其他应付款	19	税金及附加	36
其他货币资金	3	应交税费	20	销售费用	37
交易性金融资产	4	应付利息	21	管理费用	38
应收票据	5	长期借款	22	财务费用	39
应收账款	6	长期应付款	23	信用减值损失	40
预付账款	7	坏账准备	24	营业外支出	41
其他应收款	8	累计折旧	25	所得税费用	42
原材料	9	累计摊销	26	递延所得税资产	43
生产成本	10	股本	27	递延所得税负债	44
库存商品	11	资本公积	28	制造费用	45
债权投资	12	盈余公积	29	应付股利	46
固定资产	13	本年利润	30	应收利息	47
无形资产	14	利润分配	31	公允价值变动损益	48
短期借款	15	主营业务收入	32	应付职工薪酬	49
应付票据	16	投资收益	33		
应付账款	17	营业外收入	34		

库存现金 总分类账

第1页

年		记账凭证		摘要	对应科目	借方													√	贷方													借或贷	余额												
月	日	类别	号数			百	十	亿	千	百	十	万	千	百	十	元	角	分		百	十	亿	千	百	十	万	千	百	十	元	角	分		百	十	亿	千	百	十	万	千	百	十	元	角	分

银行存款 总分类账

第2页

年		记账凭证		摘要	对应科目	借方													√	贷方													借或贷	余额												
月	日	类别	号数			百	十	亿	千	百	十	万	千	百	十	元	角	分		百	十	亿	千	百	十	万	千	百	十	元	角	分		百	十	亿	千	百	十	万	千	百	十	元	角	分

其他货币资金 总分类账

第3页

年		记账凭证		摘要	对应科目	借方													√	贷方													√	借或贷	余额												
月	日	类别	号数			百	十	亿	千	百	十	万	千	百	十	元	角	分		百	十	亿	千	百	十	万	千	百	十	元	角	分			百	十	亿	千	百	十	万	千	百	十	元	角	分

交易性金融资产 总分类账

第4页

年		记账凭证		摘要	对应科目	借方													√	贷方													√	借或贷	余额												
月	日	类别	号数			百	十	亿	千	百	十	万	千	百	十	元	角	分		百	十	亿	千	百	十	万	千	百	十	元	角	分			百	十	亿	千	百	十	万	千	百	十	元	角	分

应收票据 总分类账

第5页

年		记账凭证		摘要	对应科目	借方													√	贷方													√	借或贷	余额												
月	日	类别	号数			百	十	亿	千	百	十	万	千	百	十	元	角	分		百	十	亿	千	百	十	万	千	百	十	元	角	分			百	十	亿	千	百	十	万	千	百	十	元	角	分

应收账款 总分类账

第6页

年		记账凭证		摘要	对应科目	借方													√	贷方													√	借或贷	余额												
月	日	类别	号数			百	十	亿	千	百	十	万	千	百	十	元	角	分		百	十	亿	千	百	十	万	千	百	十	元	角	分			百	十	亿	千	百	十	万	千	百	十	元	角	分

预付账款 总分类账

第7页

年		记账凭证		摘要	对应科目	借方													√	贷方													√	借或贷	余额												
月	日	类别	号数			百	十	亿	千	百	十	万	千	百	十	元	角	分		百	十	亿	千	百	十	万	千	百	十	元	角	分			百	十	亿	千	百	十	万	千	百	十	元	角	分

其他应收款 总分类账

第8页

年		记账凭证		摘要	对应科目	借方													√	贷方													√	借或贷	余额												
月	日	类别	号数			百	十	亿	千	百	十	万	千	百	十	元	角	分		百	十	亿	千	百	十	万	千	百	十	元	角	分			百	十	亿	千	百	十	万	千	百	十	元	角	分

原 材 料 总分类账

第9页

年		记账凭证		摘要	对应科目	借方													√	贷方													√	借或贷	余额												
月	日	类别	号数			百	十	亿	千	百	十	万	千	百	十	元	角	分		百	十	亿	千	百	十	万	千	百	十	元	角	分			百	十	亿	千	百	十	万	千	百	十	元	角	分

生产成本 总分类账

第10页

年		记账凭证		摘要	对应科目	借方													√	贷方													√	借或贷	余额												
月	日	类别	号数			百	十	亿	千	百	十	万	千	百	十	元	角	分		百	十	亿	千	百	十	万	千	百	十	元	角	分			百	十	亿	千	百	十	万	千	百	十	元	角	分

库存商品 总分类账

第11页

年		记账凭证		摘要	对应科目	借方													√	贷方													√	借或贷	余额												
月	日	类别	号数			百	十	亿	千	百	十	万	千	百	十	元	角	分		百	十	亿	千	百	十	万	千	百	十	元	角	分			百	十	亿	千	百	十	万	千	百	十	元	角	分

债权投资 总分类账

第12页

年		记账凭证		摘要	对应科目	借方													√	贷方													√	借或贷	余额												
月	日	类别	号数			百	十	亿	千	百	十	万	千	百	十	元	角	分		百	十	亿	千	百	十	万	千	百	十	元	角	分			百	十	亿	千	百	十	万	千	百	十	元	角	分

固定资产　总分类账

第13页

年		记账凭证		摘要	对应科目	借方													√	贷方													√	借或贷	余额												
月	日	类别	号数			百	十	亿	千	百	十	万	千	百	十	元	角	分		百	十	亿	千	百	十	万	千	百	十	元	角	分			百	十	亿	千	百	十	万	千	百	十	元	角	分

无形资产　总分类账

第14页

年		记账凭证		摘要	对应科目	借方													√	贷方													√	借或贷	余额												
月	日	类别	号数			百	十	亿	千	百	十	万	千	百	十	元	角	分		百	十	亿	千	百	十	万	千	百	十	元	角	分			百	十	亿	千	百	十	万	千	百	十	元	角	分

短期借款 总分类账

第15页

年		记账凭证		摘要	对应科目	借方													√	贷方													√	借或贷	余额												
月	日	类别	号数			百	十	亿	千	百	十	万	千	百	十	元	角	分		百	十	亿	千	百	十	万	千	百	十	元	角	分			百	十	亿	千	百	十	万	千	百	十	元	角	分

应付票据 总分类账

第16页

年		记账凭证		摘要	对应科目	借方													√	贷方													√	借或贷	余额												
月	日	类别	号数			百	十	亿	千	百	十	万	千	百	十	元	角	分		百	十	亿	千	百	十	万	千	百	十	元	角	分			百	十	亿	千	百	十	万	千	百	十	元	角	分

应付账款　总分类账

第17页

年		记账凭证		摘要	对应科目	借方													√	贷方													√	借或贷	余额												
月	日	类别	号数			百	十	亿	千	百	十	万	千	百	十	元	角	分		百	十	亿	千	百	十	万	千	百	十	元	角	分			百	十	亿	千	百	十	万	千	百	十	元	角	分

预收账款　总分类账

第18页

年		记账凭证		摘要	对应科目	借方													√	贷方													√	借或贷	余额												
月	日	类别	号数			百	十	亿	千	百	十	万	千	百	十	元	角	分		百	十	亿	千	百	十	万	千	百	十	元	角	分			百	十	亿	千	百	十	万	千	百	十	元	角	分

其他应付款 总分类账

第19页

年		记账凭证		摘要	对应科目	借方													√	贷方													√	借或贷	余额												
月	日	类别	号数			百	十	亿	千	百	十	万	千	百	十	元	角	分		百	十	亿	千	百	十	万	千	百	十	元	角	分			百	十	亿	千	百	十	万	千	百	十	元	角	分

应交税费 总分类账

第20页

年		记账凭证		摘要	对应科目	借方													√	贷方													√	借或贷	余额												
月	日	类别	号数			百	十	亿	千	百	十	万	千	百	十	元	角	分		百	十	亿	千	百	十	万	千	百	十	元	角	分			百	十	亿	千	百	十	万	千	百	十	元	角	分

应付利息　总分类账

第21页

年		记账凭证		摘要	对应科目	借方													√	贷方													√	借或贷	余额												
月	日	类别	号数			百	十	亿	千	百	十	万	千	百	十	元	角	分		百	十	亿	千	百	十	万	千	百	十	元	角	分			百	十	亿	千	百	十	万	千	百	十	元	角	分

长期借款　总分类账

第22页

年		记账凭证		摘要	对应科目	借方													√	贷方													√	借或贷	余额												
月	日	类别	号数			百	十	亿	千	百	十	万	千	百	十	元	角	分		百	十	亿	千	百	十	万	千	百	十	元	角	分			百	十	亿	千	百	十	万	千	百	十	元	角	分

长期应付款 总分类账

第23页

年		记账凭证		摘要	对应科目	借方													√	贷方													√	借或贷	余额												
月	日	类别	号数			百	十	亿	千	百	十	万	千	百	十	元	角	分		百	十	亿	千	百	十	万	千	百	十	元	角	分			百	十	亿	千	百	十	万	千	百	十	元	角	分

坏账准备 总分类账

第24页

年		记账凭证		摘要	对应科目	借方													√	贷方													√	借或贷	余额												
月	日	类别	号数			百	十	亿	千	百	十	万	千	百	十	元	角	分		百	十	亿	千	百	十	万	千	百	十	元	角	分			百	十	亿	千	百	十	万	千	百	十	元	角	分

累计折旧 总分类账

年		记账凭证		摘要	对应科目	借方													√	贷方													√	借或贷	余额												
月	日	类别	号数			百	十	亿	千	百	十	万	千	百	十	元	角	分		百	十	亿	千	百	十	万	千	百	十	元	角	分			百	十	亿	千	百	十	万	千	百	十	元	角	分

累计摊销 总分类账

第26页

年		记账凭证		摘要	对应科目	借方													√	贷方													√	借或贷	余额												
月	日	类别	号数			百	十	亿	千	百	十	万	千	百	十	元	角	分		百	十	亿	千	百	十	万	千	百	十	元	角	分			百	十	亿	千	百	十	万	千	百	十	元	角	分

股　　本　总分类账

第27页

年		记账凭证		摘要	对应科目	借方													√	贷方													√	借或贷	余额												
月	日	类别	号数			百	十	亿	千	百	十	万	千	百	十	元	角	分		百	十	亿	千	百	十	万	千	百	十	元	角	分			百	十	亿	千	百	十	万	千	百	十	元	角	分

资本公积　总分类账

第28页

年		记账凭证		摘要	对应科目	借方													√	贷方													√	借或贷	余额												
月	日	类别	号数			百	十	亿	千	百	十	万	千	百	十	元	角	分		百	十	亿	千	百	十	万	千	百	十	元	角	分			百	十	亿	千	百	十	万	千	百	十	元	角	分

盈余公积 总分类账

第29页

年		记账凭证		摘要	对应科目	借方													√	贷方													√	借或贷	余额												
月	日	类别	号数			百	十	亿	千	百	十	万	千	百	十	元	角	分		百	十	亿	千	百	十	万	千	百	十	元	角	分			百	十	亿	千	百	十	万	千	百	十	元	角	分

本年利润 总分类账

第30页

年		记账凭证		摘要	对应科目	借方													√	贷方													√	借或贷	余额												
月	日	类别	号数			百	十	亿	千	百	十	万	千	百	十	元	角	分		百	十	亿	千	百	十	万	千	百	十	元	角	分			百	十	亿	千	百	十	万	千	百	十	元	角	分

利润分配 总分类账

第31页

年		记账凭证		摘要	对应科目	借方													√	贷方													√	借或贷	余额												
月	日	类别	号数			百	十	亿	千	百	十	万	千	百	十	元	角	分		百	十	亿	千	百	十	万	千	百	十	元	角	分			百	十	亿	千	百	十	万	千	百	十	元	角	分

主营业务收入 总分类账

第32页

年		记账凭证		摘要	对应科目	借方													√	贷方													√	借或贷	余额												
月	日	类别	号数			百	十	亿	千	百	十	万	千	百	十	元	角	分		百	十	亿	千	百	十	万	千	百	十	元	角	分			百	十	亿	千	百	十	万	千	百	十	元	角	分

投资收益 总分类账

第33页

年		记账凭证		摘要	对应科目	借方													√	贷方													√	借或贷	余额												
月	日	类别	号数			百	十	亿	千	百	十	万	千	百	十	元	角	分		百	十	亿	千	百	十	万	千	百	十	元	角	分			百	十	亿	千	百	十	万	千	百	十	元	角	分

营业外收入 总分类账

第34页

年		记账凭证		摘要	对应科目	借方													√	贷方													√	借或贷	余额												
月	日	类别	号数			百	十	亿	千	百	十	万	千	百	十	元	角	分		百	十	亿	千	百	十	万	千	百	十	元	角	分			百	十	亿	千	百	十	万	千	百	十	元	角	分

主营业务成本　总分类账

第35页

年		记账凭证		摘要	对应科目	借方													√	贷方													√	借或贷	余额												
月	日	类别	号数			百	十	亿	千	百	十	万	千	百	十	元	角	分		百	十	亿	千	百	十	万	千	百	十	元	角	分			百	十	亿	千	百	十	万	千	百	十	元	角	分

税金及附加　总分类账

第36页

年		记账凭证		摘要	对应科目	借方													√	贷方													√	借或贷	余额												
月	日	类别	号数			百	十	亿	千	百	十	万	千	百	十	元	角	分		百	十	亿	千	百	十	万	千	百	十	元	角	分			百	十	亿	千	百	十	万	千	百	十	元	角	分

销售费用 总分类账

第37页

年		记账凭证		摘要	对应科目	借方													√	贷方													√	借或贷	余额												
月	日	类别	号数			百	十	亿	千	百	十	万	千	百	十	元	角	分		百	十	亿	千	百	十	万	千	百	十	元	角	分			百	十	亿	千	百	十	万	千	百	十	元	角	分

管理费用 总分类账

第38页

年		记账凭证		摘要	对应科目	借方													√	贷方													√	借或贷	余额												
月	日	类别	号数			百	十	亿	千	百	十	万	千	百	十	元	角	分		百	十	亿	千	百	十	万	千	百	十	元	角	分			百	十	亿	千	百	十	万	千	百	十	元	角	分

财务费用　总分类账

第39页

年		记账凭证		摘要	对应科目	借方													√	贷方													√	借或贷	余额												
月	日	类别	号数			百	十	亿	千	百	十	万	千	百	十	元	角	分		百	十	亿	千	百	十	万	千	百	十	元	角	分			百	十	亿	千	百	十	万	千	百	十	元	角	分

信用减值损失　总分类账

第40页

年		记账凭证		摘要	对应科目	借方													√	贷方													√	借或贷	余额												
月	日	类别	号数			百	十	亿	千	百	十	万	千	百	十	元	角	分		百	十	亿	千	百	十	万	千	百	十	元	角	分			百	十	亿	千	百	十	万	千	百	十	元	角	分

营业外支出　总分类账

第41页

年		记账凭证		摘要	对应科目	借方													√	贷方													借或贷	余额												
月	日	类别	号数			百	十	亿	千	百	十	万	千	百	十	元	角	分		百	十	亿	千	百	十	万	千	百	十	元	角	分		百	十	亿	千	百	十	万	千	百	十	元	角	分

所得税费用　总分类账

第42页

年		记账凭证		摘要	对应科目	借方													√	贷方													借或贷	余额												
月	日	类别	号数			百	十	亿	千	百	十	万	千	百	十	元	角	分		百	十	亿	千	百	十	万	千	百	十	元	角	分		百	十	亿	千	百	十	万	千	百	十	元	角	分

递延所得税资产 总分类账

第43页

年		记账凭证		摘要	对应科目	借方													√	贷方													√	借或贷	余额												
月	日	类别	号数			百	十	亿	千	百	十	万	千	百	十	元	角	分		百	十	亿	千	百	十	万	千	百	十	元	角	分			百	十	亿	千	百	十	万	千	百	十	元	角	分

递延所得税负债 总分类账

第44页

年		记账凭证		摘要	对应科目	借方													√	贷方													√	借或贷	余额												
月	日	类别	号数			百	十	亿	千	百	十	万	千	百	十	元	角	分		百	十	亿	千	百	十	万	千	百	十	元	角	分			百	十	亿	千	百	十	万	千	百	十	元	角	分

制造费用 总分类账

第45页

年		记账凭证		摘要	对应科目	借方													√	贷方													√	借或贷	余额												
月	日	类别	号数			百	十	亿	千	百	十	万	千	百	十	元	角	分		百	十	亿	千	百	十	万	千	百	十	元	角	分			百	十	亿	千	百	十	万	千	百	十	元	角	分

应付股利 总分类账

第46页

年		记账凭证		摘要	对应科目	借方													√	贷方													√	借或贷	余额												
月	日	类别	号数			百	十	亿	千	百	十	万	千	百	十	元	角	分		百	十	亿	千	百	十	万	千	百	十	元	角	分			百	十	亿	千	百	十	万	千	百	十	元	角	分

应收利息 总分类账

第47页

年		记账凭证		摘要	对应科目	借方													√	贷方													√	借或贷	余额												
月	日	类别	号数			百	十	亿	千	百	十	万	千	百	十	元	角	分		百	十	亿	千	百	十	万	千	百	十	元	角	分			百	十	亿	千	百	十	万	千	百	十	元	角	分

公允价值变动损益 总分类账

第48页

年		记账凭证		摘要	对应科目	借方													√	贷方													√	借或贷	余额												
月	日	类别	号数			百	十	亿	千	百	十	万	千	百	十	元	角	分		百	十	亿	千	百	十	万	千	百	十	元	角	分			百	十	亿	千	百	十	万	千	百	十	元	角	分

应付职工薪酬 总分类账

第49页

年		记账凭证		摘要	对应科目	借方													√	贷方													√	借或贷	余额												
月	日	类别	号数			百	十	亿	千	百	十	万	千	百	十	元	角	分		百	十	亿	千	百	十	万	千	百	十	元	角	分			百	十	亿	千	百	十	万	千	百	十	元	角	分

总分类账

第50页

年		记账凭证		摘要	对应科目	借方													√	贷方													√	借或贷	余额												
月	日	类别	号数			百	十	亿	千	百	十	万	千	百	十	元	角	分		百	十	亿	千	百	十	万	千	百	十	元	角	分			百	十	亿	千	百	十	万	千	百	十	元	角	分

____________总分类账 第51页

年		记账凭证		摘要	对应科目	借方													√	贷方													√	借或贷	余额												
月	日	类别	号数			百	十	亿	千	百	十	万	千	百	十	元	角	分		百	十	亿	千	百	十	万	千	百	十	元	角	分			百	十	亿	千	百	十	万	千	百	十	元	角	分

____________总分类账 第52页

年		记账凭证		摘要	对应科目	借方													√	贷方													√	借或贷	余额												
月	日	类别	号数			百	十	亿	千	百	十	万	千	百	十	元	角	分		百	十	亿	千	百	十	万	千	百	十	元	角	分			百	十	亿	千	百	十	万	千	百	十	元	角	分

万丰市宏伟有限公司总分类账发生额及余额试算平衡表

2022年12月31日

科目名称	期初余额		本期发生额		期末余额	
	借　方	贷　方	借　方	贷　方	借　方	贷　方
库存现金						
银行存款						
其他货币资金						
交易性金融资产						
应收票据						
应收账款						
预付账款						
其他应收款						
原材料						
生产成本						
库存商品						
债权投资						
固定资产						
无形资产						
短期借款						
应付票据						
应付账款						
预收账款						
其他应付款						
应交税费						
应付利息						
长期借款						
长期应付款						
坏账准备						

续表

科目名称	期初余额		本期发生额		期末余额	
	借　　方	贷　　方	借　　方	贷　　方	借　　方	贷　　方
累计折旧						
累计摊销						
股本						
资本公积						
盈余公积						
本年利润						
利润分配						
主营业务收入						
投资收益						
营业外收入						
主营业务成本						
税金及附加						
销售费用						
管理费用						
财务管理						
信用减值损失						
营业外支出						
所得税费用						
递延所得税资产						
递延所得税负债						
制造费用						
应付股利						
应收利息						
公允价值变动损益						
应付职工薪酬						
合　计						

万丰市宏伟有限公司

明细分类账簿

2022年度

会计账簿启用及监管人员一览表

单位名称			账簿名称	
账簿册数	共　　册	第　　册	账簿编号	
账簿页数		启用日期		
会计主管		记账人员		

交接情况记录：

接交人		移交人		监交人	

会计科目目录表

其他货币资金 明细分类账

二级明细科目：外埠存款　三级明细科目：

年		凭证		摘要	对应科目	借方													核对号	贷方													核对号	借或贷	余额												
月	日	字	号			百	十	亿	千	百	十	万	千	百	十	元	角	分		百	十	亿	千	百	十	万	千	百	十	元	角	分			百	十	亿	千	百	十	万	千	百	十	元	角	分

其他货币资金 明细分类账 第2页

二级明细科目：存出投资款 三级明细科目： 分第2页

年		凭证		摘要	对应科目	借方													核对号	贷方													核对号	借或贷	余额												
月	日	字	号			百	十	亿	千	百	十	万	千	百	十	元	角	分		百	十	亿	千	百	十	万	千	百	十	元	角	分			百	十	亿	千	百	十	万	千	百	十	元	角	分

其他货币资金　明细分类账

第3页

二级明细科目：银行汇票存款　三级明细科目：

分第3页

年		凭证		摘要	对应科目	借方													核对号	贷方													核对号	借或贷	余额												
月	日	字	号			百	十	亿	千	百	十	万	千	百	十	元	角	分		百	十	亿	千	百	十	万	千	百	十	元	角	分			百	十	亿	千	百	十	万	千	百	十	元	角	分

应收票据 明细分类账

第4页

二级明细科目：万丰市农机公司　三级明细科目：

分第1页

年		凭证		摘　要	对应科目	借　方													核对号	贷　方													核对号	借或贷	余　额												
月	日	字	号			百	十	亿	千	百	十	万	千	百	十	元	角	分		百	十	亿	千	百	十	万	千	百	十	元	角	分			百	十	亿	千	百	十	万	千	百	十	元	角	分

应收票据 明细分类账

第5页

二级明细科目：义力兴农公司 三级明细科目：

分第2页

年		凭证		摘要	对应科目	借方													核对号	贷方													核对号	借或贷	余额												
月	日	字	号			百	十	亿	千	百	十	万	千	百	十	元	角	分		百	十	亿	千	百	十	万	千	百	十	元	角	分			百	十	亿	千	百	十	万	千	百	十	元	角	分

应收账款 明细分类账

二级明细科目：南宁农机公司 三级明细科目：

年		凭证		摘要	对应科目	借方													核对号	贷方													核对号	借或贷	余额												
月	日	字	号			百	十	亿	千	百	十	万	千	百	十	元	角	分		百	十	亿	千	百	十	万	千	百	十	元	角	分			百	十	亿	千	百	十	万	千	百	十	元	角	分

应收账款 明细分类账

第7页

二级明细科目：万丰市农机公司 三级明细科目：

分第2页

年		凭证		摘要	对应科目	借方													核对号	贷方													核对号	借或贷	余额												
月	日	字	号			百	十	亿	千	百	十	万	千	百	十	元	角	分		百	十	亿	千	百	十	万	千	百	十	元	角	分			百	十	亿	千	百	十	万	千	百	十	元	角	分

预付账款 明细分类账

第8页

二级明细科目：重庆钢铁集团公司 三级明细科目：

分第1页

年		凭证		摘要	对应科目	借方													核对号	贷方													核对号	借或贷	余额												
月	日	字	号			百	十	亿	千	百	十	万	千	百	十	元	角	分		百	十	亿	千	百	十	万	千	百	十	元	角	分			百	十	亿	千	百	十	万	千	百	十	元	角	分

其他应收款 明细分类账

第9页

二级明细科目：刘 兴 三级明细科目：

分第1页

年		凭证		摘要	对应科目	借方													核对号	贷方													核对号	借或贷	余额												
月	日	字	号			百	十	亿	千	百	十	万	千	百	十	元	角	分		百	十	亿	千	百	十	万	千	百	十	元	角	分			百	十	亿	千	百	十	万	千	百	十	元	角	分

其他应收款 明细分类账

第10页

二级明细科目：王　新　三级明细科目：

分第2页

年		凭证		摘要	对应科目	借方													核对号	贷方													核对号	借或贷	余额												
月	日	字	号			百	十	亿	千	百	十	万	千	百	十	元	角	分		百	十	亿	千	百	十	万	千	百	十	元	角	分			百	十	亿	千	百	十	万	千	百	十	元	角	分

债权投资 明细分类账

二级明细科目：国　库　券　三级明细科目：＿＿＿＿

年		凭证		摘要	对应科目	借方													核对号	贷方													核对号	借或贷	余额												
月	日	字	号			百	十	亿	千	百	十	万	千	百	十	元	角	分		百	十	亿	千	百	十	万	千	百	十	元	角	分			百	十	亿	千	百	十	万	千	百	十	元	角	分

固定资产 明细分类账

二级明细科目：建筑物 三级明细科目：

年		凭证		摘要	对应科目	借方													核对号	贷方													核对号	借或贷	余额												
月	日	字	号			百	十	亿	千	百	十	万	千	百	十	元	角	分		百	十	亿	千	百	十	万	千	百	十	元	角	分			百	十	亿	千	百	十	万	千	百	十	元	角	分

固定资产 明细分类账

第13页

二级明细科目：机器设备 三级明细科目：

分第2页

年		凭证		摘要	对应科目	借方													核对号	贷方													核对号	借或贷	余额												
月	日	字	号			百	十	亿	千	百	十	万	千	百	十	元	角	分		百	十	亿	千	百	十	万	千	百	十	元	角	分			百	十	亿	千	百	十	万	千	百	十	元	角	分

固定资产 明细分类账

二级明细科目：办公设备 三级明细科目：

年		凭证		摘要	对应科目	借方													核对号	贷方													核对号	借或贷	余额												
月	日	字	号			百	十	亿	千	百	十	万	千	百	十	元	角	分		百	十	亿	千	百	十	万	千	百	十	元	角	分			百	十	亿	千	百	十	万	千	百	十	元	角	分

无形资产 明细分类账

第15页

二级明细科目：专利A　三级明细科目：

分第1页

年		凭证		摘要	对应科目	借方													核对号	贷方													核对号	借或贷	余额												
月	日	字	号			百	十	亿	千	百	十	万	千	百	十	元	角	分		百	十	亿	千	百	十	万	千	百	十	元	角	分			百	十	亿	千	百	十	万	千	百	十	元	角	分

无形资产 明细分类账

二级明细科目：专利B 三级明细科目：

年		凭证		摘要	对应科目	借方													核对号	贷方													核对号	借或贷	余额												
月	日	字	号			百	十	亿	千	百	十	万	千	百	十	元	角	分		百	十	亿	千	百	十	万	千	百	十	元	角	分			百	十	亿	千	百	十	万	千	百	十	元	角	分

无形资产 明细分类账

第17页

二级明细科目：非专利技术 三级明细科目：

分第3页

年		凭证		摘要	对应科目	借方													核对号	贷方													核对号	借或贷	余额												
月	日	字	号			百	十	亿	千	百	十	万	千	百	十	元	角	分		百	十	亿	千	百	十	万	千	百	十	元	角	分			百	十	亿	千	百	十	万	千	百	十	元	角	分

无形资产 明细分类账

第18页

二级明细科目：土地使用权 三级明细科目：

分第4页

年		凭证		摘要	对应科目	借方													核对号	贷方													核对号	借或贷	余额												
月	日	字	号			百	十	亿	千	百	十	万	千	百	十	元	角	分		百	十	亿	千	百	十	万	千	百	十	元	角	分			百	十	亿	千	百	十	万	千	百	十	元	角	分

短期借款 明细分类账

第19页

二级明细科目：工商银行　三级明细科目：　　　　　　分第1页

年		凭证		摘要	对应科目	借方													核对号	贷方													核对号	借或贷	余额												
月	日	字	号			百	十	亿	千	百	十	万	千	百	十	元	角	分		百	十	亿	千	百	十	万	千	百	十	元	角	分			百	十	亿	千	百	十	万	千	百	十	元	角	分

应付票据 明细分类账

第20页

二级明细科目：武汉钢厂　三级明细科目：

分第1页

年		凭证		摘要	对应科目	借方													核对号	贷方													核对号	借或贷	余额												
月	日	字	号			百	十	亿	千	百	十	万	千	百	十	元	角	分		百	十	亿	千	百	十	万	千	百	十	元	角	分			百	十	亿	千	百	十	万	千	百	十	元	角	分

应付账款 明细分类账

第21页

二级明细科目：宝安钢铁集团公司 三级明细科目：

分第1页

年		凭证		摘要	对应科目	借方													核对号	贷方													核对号	借或贷	余额												
月	日	字	号			百	十	亿	千	百	十	万	千	百	十	元	角	分		百	十	亿	千	百	十	万	千	百	十	元	角	分			百	十	亿	千	百	十	万	千	百	十	元	角	分

应付账款 明细分类账

第22页

二级明细科目：万丰市自来水公司 三级明细科目：

分第2页

年		凭证		摘要	对应科目	借方													核对号	贷方													核对号	借或贷	余额												
月	日	字	号			百	十	亿	千	百	十	万	千	百	十	元	角	分		百	十	亿	千	百	十	万	千	百	十	元	角	分			百	十	亿	千	百	十	万	千	百	十	元	角	分

应付账款 明细分类账

第23页

二级明细科目：万丰市市南供电局　三级明细科目：

分第3页

年		凭证		摘要	对应科目	借方													核对号	贷方													核对号	借或贷	余额												
月	日	字	号			百	十	亿	千	百	十	万	千	百	十	元	角	分		百	十	亿	千	百	十	万	千	百	十	元	角	分			百	十	亿	千	百	十	万	千	百	十	元	角	分

预收账款 明细分类账

第24页

二级明细科目：安顺农机公司 三级明细科目：

分第1页

年		凭证		摘要	对应科目	借方													核对号	贷方													核对号	借或贷	余额												
月	日	字	号			百	十	亿	千	百	十	万	千	百	十	元	角	分		百	十	亿	千	百	十	万	千	百	十	元	角	分			百	十	亿	千	百	十	万	千	百	十	元	角	分

其他应付款 明细分类账

第25页

二级明细科目：保证金 三级明细科目：

分第1页

年		凭证		摘要	对应科目	借方												核对号	贷方												核对号	借或贷	余额											
月	日	字	号			百	十	亿	千	百	十	万	千	百	十	元	角	分		百	十	亿	千	百	十	万	千	百	十	元	角	分			百	十	亿	千	百	十	万	千	百	十	元	角	分

其他应付款 明细分类账

第26页

二级明细科目：万丰市公积金管理中心 三级明细科目：

分第2页

年		凭证		摘要	对应科目	借方													核对号	贷方													核对号	借或贷	余额												
月	日	字	号			百	十	亿	千	百	十	万	千	百	十	元	角	分		百	十	亿	千	百	十	万	千	百	十	元	角	分			百	十	亿	千	百	十	万	千	百	十	元	角	分

应交税费明细分类账

二级明细科目：未交增值税　三级明细科目：

分第1页

年		凭证		摘要	对应科目	借方													核对号	贷方													核对号	借或贷	余额												
月	日	字	号			百	十	亿	千	百	十	万	千	百	十	元	角	分		百	十	亿	千	百	十	万	千	百	十	元	角	分			百	十	亿	千	百	十	万	千	百	十	元	角	分

应交税费 明细分类账

第28页

二级明细科目：应交城建税　三级明细科目：

分第2页

年		凭证		摘要	对应科目	借方													核对号	贷方													核对号	借或贷	余额												
月	日	字	号			百	十	亿	千	百	十	万	千	百	十	元	角	分		百	十	亿	千	百	十	万	千	百	十	元	角	分			百	十	亿	千	百	十	万	千	百	十	元	角	分

应交税费 明细分类账

二级明细科目：应交教育费附加 三级明细科目：

年		凭证		摘要	对应科目	借方													核对号	贷方													核对号	借或贷	余额												
月	日	字	号			百	十	亿	千	百	十	万	千	百	十	元	角	分		百	十	亿	千	百	十	万	千	百	十	元	角	分			百	十	亿	千	百	十	万	千	百	十	元	角	分

应交税费 明细分类账

第30页

二级明细科目：应交个人所得税 三级明细科目：

分第4页

年		凭证		摘要	对应科目	借方													核对号	贷方													核对号	借或贷	余额												
月	日	字	号			百	十	亿	千	百	十	万	千	百	十	元	角	分		百	十	亿	千	百	十	万	千	百	十	元	角	分			百	十	亿	千	百	十	万	千	百	十	元	角	分

应交税费 明细分类账

二级明细科目：应交所得税 三级明细科目：

年		凭证		摘要	对应科目	借方													核对号	贷方													核对号	借或贷	余额												
月	日	字	号			百	十	亿	千	百	十	万	千	百	十	元	角	分		百	十	亿	千	百	十	万	千	百	十	元	角	分			百	十	亿	千	百	十	万	千	百	十	元	角	分

应交税费 明细分类账

第32页

二级明细科目：应交增值税 三级明细科目：

分第6页

年		凭证		摘要	借方				贷方				借或贷	余额
月	日	字	号		进项税	已交税金	转出未交税金	合计	销项税	进项税额转出	转出多交税金	合计		

应付利息 明细分类账

第33页

二级明细科目：长期借款 三级明细科目：

分第1页

年		凭证		摘要	对应科目	借方													核对号	贷方													核对号	借或贷	余额												
月	日	字	号			百	十	亿	千	百	十	万	千	百	十	元	角	分		百	十	亿	千	百	十	万	千	百	十	元	角	分			百	十	亿	千	百	十	万	千	百	十	元	角	分

应付利息 明细分类账

二级明细科目：短期借款 三级明细科目：

年		凭证		摘要	对应科目	借方													核对号	贷方													核对号	借或贷	余额												
月	日	字	号			百	十	亿	千	百	十	万	千	百	十	元	角	分		百	十	亿	千	百	十	万	千	百	十	元	角	分			百	十	亿	千	百	十	万	千	百	十	元	角	分

长期借款 明细分类账

二级明细科目：工商银行　三级明细科目：

分第1页

年		凭证		摘要	对应科目	借方													核对号	贷方													核对号	借或贷	余额												
月	日	字	号			百	十	亿	千	百	十	万	千	百	十	元	角	分		百	十	亿	千	百	十	万	千	百	十	元	角	分			百	十	亿	千	百	十	万	千	百	十	元	角	分

长期应付款 明细分类账

二级明细科目：上海机床厂 三级明细科目：

年		凭证		摘要	对应科目	借方													核对号	贷方													核对号	借或贷	余额												
月	日	字	号			百	十	亿	千	百	十	万	千	百	十	元	角	分		百	十	亿	千	百	十	万	千	百	十	元	角	分			百	十	亿	千	百	十	万	千	百	十	元	角	分

坏账准备 明细分类账

二级明细科目：应收账款 三级明细科目：

年		凭证		摘要	对应科目	借方													核对号	贷方													核对号	借或贷	余额												
月	日	字	号			百	十	亿	千	百	十	万	千	百	十	元	角	分		百	十	亿	千	百	十	万	千	百	十	元	角	分			百	十	亿	千	百	十	万	千	百	十	元	角	分

股本明细分类账

第38页

二级明细科目：万丰市国有控股公司　三级明细科目：

分第1页

年		凭证		摘要	对应科目	借方													核对号	贷方													核对号	借或贷	余额												
月	日	字	号			百	十	亿	千	百	十	万	千	百	十	元	角	分		百	十	亿	千	百	十	万	千	百	十	元	角	分			百	十	亿	千	百	十	万	千	百	十	元	角	分

股 本 明细分类账

第39页

二级明细科目：李 斌 三级明细科目：

分第2页

年		凭证		摘要	对应科目	借方													核对号	贷方													核对号	借或贷	余额												
月	日	字	号			百	十	亿	千	百	十	万	千	百	十	元	角	分		百	十	亿	千	百	十	万	千	百	十	元	角	分			百	十	亿	千	百	十	万	千	百	十	元	角	分

股　本　明细分类账

第40页

二级明细科目：王　维　三级明细科目：

分第3页

年		凭证		摘要	对应科目	借方													核对号	贷方													核对号	借或贷	余额												
月	日	字	号			百	十	亿	千	百	十	万	千	百	十	元	角	分		百	十	亿	千	百	十	万	千	百	十	元	角	分			百	十	亿	千	百	十	万	千	百	十	元	角	分

资本公积 明细分类账

二级明细科目：股本溢价 三级明细科目：

年		凭证		摘要	对应科目	借方													核对号	贷方													核对号	借或贷	余额												
月	日	字	号			百	十	亿	千	百	十	万	千	百	十	元	角	分		百	十	亿	千	百	十	万	千	百	十	元	角	分			百	十	亿	千	百	十	万	千	百	十	元	角	分

资本公积 明细分类账

二级明细科目：其他资本公积 三级明细科目：

年		凭证		摘要	对应科目	借方													核对号	贷方													核对号	借或贷	余额												
月	日	字	号			百	十	亿	千	百	十	万	千	百	十	元	角	分		百	十	亿	千	百	十	万	千	百	十	元	角	分			百	十	亿	千	百	十	万	千	百	十	元	角	分

利润分配 明细分类账

二级明细科目：未分配利润 三级明细科目：

年		凭证		摘要	对应科目	借方													核对号	贷方													核对号	借或贷	余额												
月	日	字	号			百	十	亿	千	百	十	万	千	百	十	元	角	分		百	十	亿	千	百	十	万	千	百	十	元	角	分			百	十	亿	千	百	十	万	千	百	十	元	角	分

利润分配 明细分类账

二级明细科目：提取法定盈余公积 三级明细科目：

年		凭证		摘要	对应科目	借方													核对号	贷方													核对号	借或贷	余额												
月	日	字	号			百	十	亿	千	百	十	万	千	百	十	元	角	分		百	十	亿	千	百	十	万	千	百	十	元	角	分			百	十	亿	千	百	十	万	千	百	十	元	角	分

利润分配　明细分类账

第45页

二级明细科目：提取任意盈余公积　三级明细科目：

分第3页

年		凭证		摘要	对应科目	借方													核对号	贷方													核对号	借或贷	余额												
月	日	字	号			百	十	亿	千	百	十	万	千	百	十	元	角	分		百	十	亿	千	百	十	万	千	百	十	元	角	分			百	十	亿	千	百	十	万	千	百	十	元	角	分

利润分配 明细分类账

第46页

二级明细科目：应付股利　三级明细科目：

分第4页

年		凭证		摘要	对应科目	借方													核对号	贷方													核对号	借或贷	余额												
月	日	字	号			百	十	亿	千	百	十	万	千	百	十	元	角	分		百	十	亿	千	百	十	万	千	百	十	元	角	分			百	十	亿	千	百	十	万	千	百	十	元	角	分

盈余公积 明细分类账

二级明细科目：法定盈余公积 三级明细科目：

年		凭证		摘要	对应科目	借方													核对号	贷方													核对号	借或贷	余额												
月	日	字	号			百	十	亿	千	百	十	万	千	百	十	元	角	分		百	十	亿	千	百	十	万	千	百	十	元	角	分			百	十	亿	千	百	十	万	千	百	十	元	角	分

盈余公积 明细分类账

第48页

二级明细科目：任意盈余公积　三级明细科目：

分第2页

年		凭证		摘要	对应科目	借方													核对号	贷方													核对号	借或贷	余额												
月	日	字	号			百	十	亿	千	百	十	万	千	百	十	元	角	分		百	十	亿	千	百	十	万	千	百	十	元	角	分			百	十	亿	千	百	十	万	千	百	十	元	角	分

本年利润　明细分类账

二级明细科目：＿＿＿＿＿三级明细科目：＿＿＿＿＿　　分第1页

年		凭证		摘　　要	借　方			贷　方			借或贷	余额
月	日	字	号		费用	转出净利润	合　计	收入	转出亏损	合　计		

递延所得税资产 明细分类账

二级明细科目：__________ 三级明细科目：__________

年		凭证		摘要	对应科目	借方													核对号	贷方													核对号	借或贷	余额												
月	日	字	号			百	十	亿	千	百	十	万	千	百	十	元	角	分		百	十	亿	千	百	十	万	千	百	十	元	角	分			百	十	亿	千	百	十	万	千	百	十	元	角	分

递延所得税负债 明细分类账

第51页

二级明细科目：________ 三级明细科目：________ 分第1页

年		凭证		摘要	对应科目	借方													核对号	贷方													核对号	借或贷	余额												
月	日	字	号			百	十	亿	千	百	十	万	千	百	十	元	角	分		百	十	亿	千	百	十	万	千	百	十	元	角	分			百	十	亿	千	百	十	万	千	百	十	元	角	分

应付职工薪酬 明细分类账

二级明细科目：工资 三级明细科目：

分第1页

年		凭证		摘要	对应科目	借方													核对号	贷方													核对号	借或贷	余额												
月	日	字	号			百	十	亿	千	百	十	万	千	百	十	元	角	分		百	十	亿	千	百	十	万	千	百	十	元	角	分			百	十	亿	千	百	十	万	千	百	十	元	角	分

应付职工薪酬 明细分类账

二级明细科目：工会经费 三级明细科目：

年		凭证		摘要	对应科目	借方													核对号	贷方													核对号	借或贷	余额												
月	日	字	号			百	十	亿	千	百	十	万	千	百	十	元	角	分		百	十	亿	千	百	十	万	千	百	十	元	角	分			百	十	亿	千	百	十	万	千	百	十	元	角	分

应付职工薪酬 明细分类账

第54页

二级明细科目：保险金 三级明细科目：

分第3页

年		凭证		摘要	对应科目	借方													核对号	贷方													核对号	借或贷	余额												
月	日	字	号			百	十	亿	千	百	十	万	千	百	十	元	角	分		百	十	亿	千	百	十	万	千	百	十	元	角	分			百	十	亿	千	百	十	万	千	百	十	元	角	分

应付职工薪酬 明细分类账

二级明细科目：住房公积金 三级明细科目：

年		凭证		摘要	对应科目	借方													核对号	贷方													核对号	借或贷	余额												
月	日	字	号			百	十	亿	千	百	十	万	千	百	十	元	角	分		百	十	亿	千	百	十	万	千	百	十	元	角	分			百	十	亿	千	百	十	万	千	百	十	元	角	分

应收利息 明细分类账

第56页

二级明细科目：国库券　三级明细科目：

分第1页

年		凭证		摘要	对应科目	借方													核对号	贷方													核对号	借或贷	余额												
月	日	字	号			百	十	亿	千	百	十	万	千	百	十	元	角	分		百	十	亿	千	百	十	万	千	百	十	元	角	分			百	十	亿	千	百	十	万	千	百	十	元	角	分

应付股利 明细分类账

第57页

二级明细科目：万丰市国有控股公司 三级明细科目：

分第1页

年		凭证		摘要	对应科目	借方													核对号	贷方													核对号	借或贷	余额												
月	日	字	号			百	十	亿	千	百	十	万	千	百	十	元	角	分		百	十	亿	千	百	十	万	千	百	十	元	角	分			百	十	亿	千	百	十	万	千	百	十	元	角	分

应付股利 明细分类账

第58页

二级明细科目：李 斌 三级明细科目：

分第2页

年		凭证		摘要	对应科目	借方													核对号	贷方													核对号	借或贷	余额												
月	日	字	号			百	十	亿	千	百	十	万	千	百	十	元	角	分		百	十	亿	千	百	十	万	千	百	十	元	角	分			百	十	亿	千	百	十	万	千	百	十	元	角	分

应付股利 明细分类账

第59页

二级明细科目：王　维　三级明细科目：

分第3页

年		凭证		摘要	对应科目	借方													核对号	贷方													核对号	借或贷	余额												
月	日	字	号			百	十	亿	千	百	十	万	千	百	十	元	角	分		百	十	亿	千	百	十	万	千	百	十	元	角	分			百	十	亿	千	百	十	万	千	百	十	元	角	分

累计折旧 明细分类账

第60页

二级明细科目：建筑物 三级明细科目：

分第1页

年		凭证		摘要	对应科目	借方													核对号	贷方													核对号	借或贷	余额												
月	日	字	号			百	十	亿	千	百	十	万	千	百	十	元	角	分		百	十	亿	千	百	十	万	千	百	十	元	角	分			百	十	亿	千	百	十	万	千	百	十	元	角	分

累计折旧 明细分类账

第61页

二级明细科目：机器设备 三级明细科目：

分第2页

年		凭证		摘要	对应科目	借方													核对号	贷方													核对号	借或贷	余额												
月	日	字	号			百	十	亿	千	百	十	万	千	百	十	元	角	分		百	十	亿	千	百	十	万	千	百	十	元	角	分			百	十	亿	千	百	十	万	千	百	十	元	角	分

累计折旧 明细分类账

第62页

二级明细科目：办公设备 三级明细科目：

分第3页

年		凭证		摘要	对应科目	借方													核对号	贷方													核对号	借或贷	余额												
月	日	字	号			百	十	亿	千	百	十	万	千	百	十	元	角	分		百	十	亿	千	百	十	万	千	百	十	元	角	分			百	十	亿	千	百	十	万	千	百	十	元	角	分

累计摊销 明细分类账

二级明细科目：土地使用权 三级明细科目：

年		凭证		摘要	对应科目	借方													核对号	贷方													核对号	借或贷	余额												
月	日	字	号			百	十	亿	千	百	十	万	千	百	十	元	角	分		百	十	亿	千	百	十	万	千	百	十	元	角	分			百	十	亿	千	百	十	万	千	百	十	元	角	分

累计摊销 明细分类账

第64页

二级明细科目：专利A 三级明细科目：

分第2页

年		凭证		摘要	对应科目	借方													核对号	贷方													核对号	借或贷	余额												
月	日	字	号			百	十	亿	千	百	十	万	千	百	十	元	角	分		百	十	亿	千	百	十	万	千	百	十	元	角	分			百	十	亿	千	百	十	万	千	百	十	元	角	分

累计摊销 明细分类账

二级明细科目：专利B　三级明细科目：

年		凭证		摘要	对应科目	借方													核对号	贷方													核对号	借或贷	余额												
月	日	字	号			百	十	亿	千	百	十	万	千	百	十	元	角	分		百	十	亿	千	百	十	万	千	百	十	元	角	分			百	十	亿	千	百	十	万	千	百	十	元	角	分

累计摊销 明细分类账

第66页

二级明细科目：非专利技术 三级明细科目：

分第4页

年		凭证		摘要	对应科目	借方													核对号	贷方													核对号	借或贷	余额												
月	日	字	号			百	十	亿	千	百	十	万	千	百	十	元	角	分		百	十	亿	千	百	十	万	千	百	十	元	角	分			百	十	亿	千	百	十	万	千	百	十	元	角	分

主营业务收入明细分类账

第67页

二级明细科目：＿＿＿＿　三级明细科目：＿＿＿＿　分第1页

年		凭证		摘要	贷方																										
月	日	字	号		甲产品									乙产品									合计								
					百	十	万	千	百	十	元	角	分	百	十	万	千	百	十	元	角	分	百	十	万	千	百	十	元	角	分

主营业务成本 明细分类账

第68页

二级明细科目：＿＿＿＿　　三级明细科目：＿＿＿＿　　分第1页

年		凭证		摘要	借方																										
月	日	字	号		甲产品									乙产品									合计								
					百	十	万	千	百	十	元	角	分	百	十	万	千	百	十	元	角	分	百	十	万	千	百	十	元	角	分

税金及附加明细分类账

第69页

二级明细科目：　　　　　　三级明细科目：　　　　　　分第1页

年		凭证		摘要	借方																										
月	日	字	号		税金									附加费									合计								
					百	十	万	千	百	十	元	角	分	百	十	万	千	百	十	元	角	分	百	十	万	千	百	十	元	角	分

投资收益明细分类账

第70页

二级明细科目：＿＿＿＿　　三级明细科目：＿＿＿＿　　分第1页

年		凭证		摘要	贷方																										
					持有收益（利息、股利）									转让收益									合计								
月	日	字	号		百	十	万	千	百	十	元	角	分	百	十	万	千	百	十	元	角	分	百	十	万	千	百	十	元	角	分

财务费用 明细分类账

二级明细科目：______ 三级明细科目：______

年		凭证		摘要	借方																										
					利息支出									手续费等其他支出									合计								
月	日	字	号		百	十	万	千	百	十	元	角	分	百	十	万	千	百	十	元	角	分	百	十	万	千	百	十	元	角	分

信用减值损失明细分类账

第72页

二级明细科目：　　　　三级明细科目：

分第1页

年		凭证		摘要	借方																										
					应收款项信用减值损失									非应收款项信用减值损失									合计								
月	日	字	号		百	十	万	千	百	十	元	角	分	百	十	万	千	百	十	元	角	分	百	十	万	千	百	十	元	角	分

所得税费用 明细分类账

二级明细科目：______　　三级明细科目：______

年		凭证		摘要	借方																										
月	日	字	号		本期所得税费用									递延所得税费用									合计								
					百	十	万	千	百	十	元	角	分	百	十	万	千	百	十	元	角	分	百	十	万	千	百	十	元	角	分

管理费用明细分类账

第74页

二级明细科目：________ 三级明细科目：________ 分第1页

年		凭证		摘要	借方							
月	日	字	号		材料费用	工薪费用	折旧费用	办公费用	水电费	差旅费	其他费用	合计

管理费用 明细分类账

第75页

二级明细科目：＿＿＿＿　三级明细科目：＿＿＿＿　分第2页

年		凭证		摘要	借方							
月	日	字	号		材料费用	工薪费用	折旧费用	办公费用	水电费	差旅费	其他费用	合计

销售费用明细分类账

第76页

二级明细科目：________ 三级明细科目：________ 分第1页

年		凭证		摘要	借方						
月	日	字	号		广告费用	工薪费用	运输费用	办公费用	场租费用	其他费用	合计

制造费用 明细分类账

第77页

二级明细科目：＿＿＿＿ 三级明细科目：＿＿＿＿ 分第1页

年		凭证		摘要	借方						
月	日	字	号		材料费用	工薪费用	折旧费用	办公费用	水电费用	其他费用	合计

营业外支出 明细分类账

第78页

二级明细科目：______ 三级明细科目：______ 分第1页

年		凭证		摘要	借方						
月	日	字	号								合计

营业外收入 明细分类账

第79页

二级明细科目：　　　　三级明细科目：

分第1页

年		凭证		摘要	贷方						
月	日	字	号								合计

生产成本 明细分类账

第80页

二级明细科目：甲产品　　三级明细科目：　　分第1页

年		凭证		摘要	借方				
月	日	字	号		直接材料费	直接动力费	直接人工费	制造费用	合计

生产成本 明细分类账

第81页

二级明细科目：乙产品　　三级明细科目：　　分第2页

年		凭证		摘要	借方				
月	日	字	号		直接材料费	直接动力费	直接人工费	制造费用	合计

原材料 明细分类账

第82页

品种：A材料 单位：吨 规格：______ 仓库：______ 分第1页

年		凭证		摘要	借方			贷方			余额		
月	日	字	号		数量	单价	金额	数量	单价	金额	数量	单价	金额

原材料 明细分类账

第83页

品种：B材料 单位：吨 规格：______ 仓库：______ 分第1页

年		凭证		摘要	借方			贷方			余额		
月	日	字	号		数量	单价	金额	数量	单价	金额	数量	单价	金额

库存商品 明细分类账

品种： 甲产品 单位： 件 规格：______ 仓库：______ 分第1页

年		凭证		摘要	借方			贷方			余额		
月	日	字	号		数量	单价	金额	数量	单价	金额	数量	单价	金额

库存商品 明细分类账

第85页

品种：乙材料 单位：件 规格：＿＿ 仓库：＿＿

分第2页

年		凭证		摘要	借方			贷方			余额		
月	日	字	号		数量	单价	金额	数量	单价	金额	数量	单价	金额

交易性金融资产 明细分类账

第86页

品种：N公司股票 单位：股 分第1页

年		凭证		摘要	借方			贷方			余额		
月	日	字	号		数量	单价	金额	数量	单价	金额	数量	单价	金额

实验4　财务报表的编制及分析

第一部分　实验预备知识

一、财务报表

财务报表是企业会计人员根据日常会计核算资料整理、汇总编制的，反映企业特定日期财务状况和一定时期经营成果、现金流量情况的书面文件。企业财务报表可以按照不同的标准进行分类。

1.按编报时间不同分为年度、半年度、季度和月度财务报表。月度、季度财务报表是指月度和季度终了提供的财务报表；半年度财务报表是指在每个会计年度的前6个月结束后对外提供的财务报表；年度财务报表是指年度终了对外提供的财务报表。其中，半年度、季度和月度财务报表统称为中期财务报表。

2.按反映内容的时态不同分为动态报表和静态报表。动态报表是反映一定时期内的资金运动过程，即资金耗费与收回情况的报表，如利润表和现金流量表。静态报表是综合反映某一时点的财务状况，即资产、负债和所有者权益及其结构的报表，如资产负债表。

3.按反映的会计主体范围不同分为个别财务报表和合并财务报表。个别财务报表是由单个企业法人编制的反映单个企业法人主体财务情况的财务报表。合并财务报表是由母公司编制的反映母公司和子公司所组成的企业集团整体的财务情况的财务报表。

一套完整的财务报表应包括四张报表和一份报表附注。四张报表是指资产负债表、利润表、现金流量表、所有者权益（或股东权益）变动表。财务报表附注是为了便于财务报表使用者理解财务报表的内容对财务报表的编制基础、编制依据、编制原则和方法及主要项目所作的解释和进一步的说明，是财务报表的一个必备部分。编制和提供财务报表附注，有利于财务报表使用者全面、正确地理解财务报表。

财务报表的编制，在内容上要求做到合法、真实、完整。在编报时间上，月度财务报表应当于月度终了后6天内（节假日顺延，下同）对外提供；季度财务报表应当于季度终了后15天内对外提供；半年度财务报表应当于年度中期结束后60天内（相当于两个连续的月份）对外提供；年度财务报表应当于年度终了后4个月内对外提供。

二、资产负债表

资产负债表是综合反映企业在特定日期（报告期末）的资产、负债和所有者权益情况的会计报表。通过该表可以了解企业资产的构成、资金来源的构成、资金的流动性和偿债能力等情况。它以企业的资产、负债与所有者权益的静态表现来说明企业的财务状况，是反映企业静态财务状况的报表。

我国企业资产负债表采用“账户式”结构格式。资产负债表的内容由表头和基本部分组成。表头部分包括报表名称、编制单位、编表时间和货币单位等内容；基本部分包括资产负债表中各项目的名称、各项目的年初数和期末数等内容。

资产负债表的左方列示资产类各项目。其排列顺序是以资产的流动性(或变现能力)为依据,流动性强的资产排列在先。具体分为流动资产和非流动资产两大类。

资产负债表的右方首先列示负债类各项目。其排列顺序是以债务的偿还期限为依据,偿还期限短的排列在先。具体分为流动负债和非流动负债两大类。

资产负债表右方负债的下方列示所有者权益各项目。其排列顺序是以权益的永久性为依据,企业拥有期限长的权益项目排列在先。具体包括:实收资本(股本)、资本公积、库存股、盈余公积、末分配利润。

资产负债表中的各项目均需填列“年初余额”和“期末余额”两栏。“年初余额”栏内各项目数字,应根据上年年末资产负债表的“期末余额”栏内所列数字填列。如果本年度资产负债表规定的各项目的名称和内容与上年不一致,应对上年年末资产负债表各项目的名称和数字按照本年度的规定进行调整,与本年一致后,再填入本表“年初余额”栏内。“期末余额”应根据本年度会计报告期末的有关账户余额直接或计算分析填列。其基本原理是:

1.根据总账期末余额直接填列。资产负债表中的大多数项目均可根据有关总账的期末余额直接填列。

2.根据若干总账期末余额之和填列。资产负债表的某些项目是根据若干总账的期末余额之和填列的。

3.根据若干总账期末余额之差填列。资产负债表的某些项目是根据若干总账的期末余额之差填列的。

4.根据若干明细账户期末余额之和填列。资产负债表中的某些项目是根据若干明细账的期末余额之和填列的。

三、利润表

利润表,是反映企业在一定会计期间(月度、季度、半年度和年度)内的经营成果的报表。利润表把一定时期的营业收入与其同一会计期间相关的营业费用进行配比,以计算出企业一定时期的净利润(或净亏损)。通过利润表反映的收入、费用等情况,能够反映企业生产经营的收益和成本耗费情况,表明企业生产经营成果。通过利润表提供的不同时期的比较数字(本月数、本年累计数、上年数),还可以分析企业今后利润的发展趋势及获利能力,了解投资者投入资本的完整性。

利润表是通过表格形式来反映企业的经营成果的。由于不同的国家和地区对财务报表的信息要求不完全相同,因此其利润表的结构也不完全相同。利润表的格式有单步式和多步式两种。我国一般采用多步式利润表格式,主要反映以下几个方面的内容:

1.营业利润=营业收入-营业成本-税金及附加-销售费用-管理费用-财务费用-资产减值损失+公允价值变动净收益+投资净收益。

2.利润总额=营业利润+营业外收入-营业外支出。

3.净利润=利润总额-所得税。

4.每股收益包括基本每股收益、稀释每股收益。

我国利润表采用“多步式”结构格式,一般设有“本期金额”和“上期金额”两栏。“本期金额”栏内各项数字,除每股收益中的项目外,其他各项目一般应根据收入和费用类账户至报告期末的本年累计发生额填列。“上期金额”栏内各项数字,应根据上年度同期利润表“本期金额”栏内所列数字填列。如果上年度利润表规定的各个项目的名称和内容同本年度不一致,应对上年度利润表各项目的名称和数字按本年度的规定进行调整,再填入本表“上期金额”栏内。

每股收益是反映企业普通股股东持有每一股份所能享有的企业利润或承担的企业亏损的业绩评价指标。每股收益指标有助于投资者、债权人等信息使用者评价企业或企业之间的盈利能力,预测企业成长潜力,进而作出经济决策。每股收益分为基本每股收益和稀释每股收益。

四、现金流量表

现金流量表是以收付实现制为基础编制的，反映企业在一定会计期间现金和现金等价物流入和流出情况的会计报表。现金流量表是以现金为基础编制的。这里的现金是指库存现金、可以随时用于支付的存款和现金等价物。具体包括：

1.库存现金。库存现金是指企业持有的，可随时用于支付的现金，与会计核算中的“库存现金”科目所包括的内容一致。

2.银行存款。银行存款是指企业存在金融企业，随时可以用于支付的存款，与会计核算中“银行存款”科目所包括的内容基本一致。存在金融企业的款项中不能随时支付的存款则不包括在现金流量表中的现金范围内。

3.其他货币资金。其他货币资金是指企业存在金融企业，有特定用途的资金，如外埠存款、银行汇票存款、银行本票存款、保证金存款、信用卡存款等。

4.现金等价物。现金等价物是指企业持有的期限短、流动性强、易于转换为已知金额的现金和价值变动风险很小的短期投资。

通过现金流量表可以反映企业净利润的现金含量，帮助财务报表使用者分析企业的偿债能力和股利支付能力，帮助财务报表使用者预测企业未来产生现金流量的潜力，帮助财务报表使用者了解企业发生的其他重要财务信息。

《企业会计准则第31号——现金流量表》将现金流量分为三大类：经营活动产生的现金流量、投资活动产生的现金流量、筹资活动产生的现金流量。具体分述如下：

第一类：经营活动产生的现金流量。

经营活动产生的现金流量是指企业除投资活动和筹资活动以外的所有交易和事项产生的现金流量。其主要范围包括：

1.在商品购进、接受劳务、商品生产、商品销售和提供劳务等活动过程中产生的现金流量。

2.经营活动过程中缴纳和返还各种税费产生的现金流量。

3.经营租赁活动产生的现金流量。

4.其他经营活动产生的现金流量。

第二类：投资活动产生的现金流量。

投资活动产生的现金流量是指企业长期资产的购建和不包括在现金等价物范围内的投资及其处置活动产生的现金流量。其主要范围包括：

1.对内长期资产（固定资产、无形资产和其他长期资产）的购建和处置活动产生的现金流量。

2.对外不包括在现金等价物范围内的各种股权和债权投资的投出和收回活动产生的现金流量。

第三类：筹资活动产生的现金流量。

筹资活动产生的现金流量是指导致企业资本及债务规模和结构发生变动的活动产生的现金流量。其主要范围包括：

1.债务筹资活动产生的现金流量（借款、发行债券、融资租赁等筹资活动）。

2.权益筹资活动产生的现金流量（吸收直接投资、发行股票）。

企业在一定时期内发生的经济业务，如果既涉及现金项目，又涉及非现金项目，则该经济业务就会产生现金流入或现金流出量；如果同时涉及现金项目和非现金项目，则该经济业务就不会产生现金流入或现金流出量。

现金流量表中现金流量的列报方法有两种：一是直接法，二是间接法。直接法是指通过现金收入和现金支出的主要类别直接反映来自企业经营活动的现金流量的一种列报方法。间接法是指以本期净利润为起点，通过调整不涉及现金的收入、费用、营业外收支以及经营性应收应付等项目的增减变动，计算并列示现金流量的一种方法。

在具体编制现金流量表时，企业可根据业务量的大小及复杂程度，选择采用工作底稿法、T形账户法或分析填列法等方法。工作底稿法是以工作底稿为手段，以利润表和资产负债表数据为基础，结合有关科目的记录，对现金流量表的每一个项目进行分析并编制调整分录，从而编制出现金流量表的一种方法。T形账户法是以利润表和资产负债表为基础，结合有关科目的记录，对现金流量表的每一项目进行分析并编制调整分录，通过“T形账户”编制出现金流量表的一种方法。分析填列法是直接根据资产负债表、利润表和有关会计科目明细账的记录，分析计算出现金流量表各项目的金额，并据以编制现金流量表的一种方法。

五、所有者权益（股东权益）变动表

所有者权益（股东权益）变动表是反映企业在某一会计期间股东权益增减变动情况的报表。该报表一般属于年度报表。所有者权益（股东权益）变动表全面反映了企业的股东权益在年度内的变化情况，便于会计信息使用者深入分析企业股东权益的增减变化情况，并进而对企业的资本保值增值情况作出正确判断，从而提供对决策有用的信息。

在具体编制所有者权益（股东权益）变动表时，“上年金额”栏所有者权益各项目金额根据上一年度该表的“本年金额”栏所有者权益各项目金额填入。“本年金额”栏所有者权益各项目金额填写方法如下：

1.上年年末余额：根据“上年金额”栏所有者权益各项目的“本年年末余额”填入。

2.本年年初余额：是在“上年年末余额”的基础上加减本年度发生的会计政策变更、重大前期差错更正以及其他对以前年度权益进行调整的事项。

3.本年增减变动金额（减少以“-”号填列）：根据本年度发生的综合收益总额、所有者投入或减少资本、利润分配、所有者权益内部结转等影响权益各项目的发生额填列。

4.本年年末余额：是在本年年初余额基础上加减本年增减变动金额计算填列。

六、财务报表附注

财务报表附注是为了便于财务报表使用者理解财务报表的内容而对财务报表的编制基础、编制依据、编制原则和方法及主要项目等所作的解释。它是对财务报表的补充说明，是财务会计报告体系的重要组成部分。财务报表附注一般应当按照下列顺序至少披露：

1.企业的基本情况。

（1）企业注册地、组织形式和总部地址。

（2）企业的业务性质和主要经营活动。

（3）母公司以及集团最终母公司的名称。

（4）财务报告的批准报出者和财务报告批准报出日，或者以签字人及其签字日期为准。

（5）营业期限有限的企业，还应当披露有关其营业期限的信息。

2.财务报表的编制基础。

3.遵循企业会计准则的声明。企业应当声明编制的财务报表符合企业会计准则的要求，真实、完整地反映了企业的财务状况、经营成果和现金流量等有关信息。

4.重要会计政策和会计估计。重要会计政策的说明，包括财务报表项目的计量基础和在运用会计政策过程中所作的重要判断等。重要会计估计的说明，包括可能导致下一个会计期间内资产、负债账面价值重大调整的会计估计的确定依据等。

企业应当披露采用的重要会计政策和会计估计，并结合企业的具体实际披露其重要会计政策的确定依据和财务报表项目的计量基础，以及会计估计所采用的关键假设和不确定因素。

5.会计政策和会计估计变更以及差错更正的说明。企业应当按照《企业会计准则第28号——会计政策、会计估计变更和差错更正》的规定，披露会计政策和会计估计变更以及差错更正的情况。

6.报表重要项目的说明。企业应当按照资产负债表、利润表、现金流量表、所有者权益变动表及其项目列示的顺序，对报表重要项目的说明采用文字和数字描述相结合的方式进行披露。报表重要项目的明细金额合计，应当与报表项目金额相衔接。

7.或有和承诺事项、资产负债表日后非调整事项、关联方关系及其交易等需要说明的事项。

8.有助于财务报表使用者评价企业管理资本的目标、政策及程序的信息。

七、财务报表分析

财务报表分析是指根据企业财务报表提供的相关数据和其他部门提供的补充信息，采用专门的技术方法，对企业的财务状况和经营成果做出的综合比较与评价。财务报表分析的基本方法主要有以下几种：

1.财务比率分析法：是通过建立一系列财务指标，全面描述企业的盈利能力、资产流动性、资产使用效率、负债能力、价值创造、盈利、市场表现和现金能力，并将这些财务指标与企业历史上的财务指标、行业的平均数和行业内的先进企业的相关指标进行对比，综合判断企业的经营业绩、存在的问题和财务状况的分析方法。

2.对比和结构分析法：是通过计算某一时期各年资产负债表、利润表、现金流量表中各项账目的比例，然后与本企业历史财务指标、行业的平均数和先进企业的指标或相关比例进行对比，综合判断企业的经营业绩、存在的问题和财务状况的分析方法。

3.因素分解分析法：是通过分解影响企业盈利能力、财务风险、经营风险、自我可持续增长率等关键指标的影响因素，从而综合判断企业的经营业绩、存在的问题和财务状况的分析方法。

第二部分　实验项目设计

一、实验目的

通过本实验项目的实习，使学生熟悉企业财务报表的构成体系和编制要求。掌握资产负债表、利润表和现金流量表三大报表的编制，以及利用财务报表提供的财务信息资料分析评价企业的财务状况。牢记财务报表是企业向财务信息使用者传递财务信息的主要渠道和方式。

二、实验操作要求

1.要求参与实验的学生根据模拟实验企业提供的资料（见实验1）以及实验2、实验3完成的账簿登记结果编制模拟实验企业2021年度资产负债表、利润表和现金流量表。

2.要求参与实验的学生根据编制的模拟实验企业2022年度财务报表进行财务分析,并撰写财务分析报告。

三、实验资料

(一)模拟实验企业资料

模拟实验企业资料见实验1设计的万丰市宏伟有限公司的有关资料和实验2、实验3完成的账簿登记结果。

(二)万丰市宏伟有限公司按新准则调整后的2021年度财务报表

资产负债表

会企 01 表

编制单位：万丰市宏伟有限公司　　2021 年 12 月 31 日　　单位：元

资产	期末余额	年初余额	负债和所有者权益（或股东权益）	期末余额	年初余额
流动资产：			流动负债：		
货币资金	1 256 000	856 000	短期借款	930 000	1 960 000
交易性金融资产	200 000	600 000	交易性金融负债		
衍生金融资产			衍生金融负债		
应收票据	20 000	120 000	应付票据	250 000	380 070
应收账款	420 000	220 000	应付账款	500 000	450 000
应收款项融资			预收款项	100 000	250 000
预付款项	80 000	180 000	合同负债		
其他应收款	5 000	15 000	应付职工薪酬		
存货	2 540 000	1 540 000	应交税费	254 000	225 000
合同资产			其他应付款	414 656	156 228
持有待售资产			持有待售负债		
一年内到期的非流动资产			一年内到期的非流动负债	2 000 000	
其他流动资产			其他流动负债		
流动资产合计	4 521 000	3 531 000	流动负债合计	4 448 656	3 421 298
非流动资产：			非流动负债：		
债权投资			长期借款	2 000 000	4 000 000
其他债权投资			应付债券		
长期应收款			其中：优先股		
长期股权投资			永续债		
其他权益工具投资			租赁负债		
其他非流动金融资产			长期应付款	100 000	
投资性房地产			预计负债		
固定资产	21 572 656	24 184 428	递延收益		
在建工程			递延所得税负债		
生产性生物资产			其他非流动负债		
油气资产			非流动负债合计	2 100 000	4 000 000
使用权资产			负债合计	6 548 656	7 421 298
无形资产	10 680 000	9 800 000	所有者权益（或股东权益）：		
开发支出			实收资本（或股本）	30 000 000	30 000 000
商誉			其他权益工具		
长期待摊费用			其中：优先股		
递延所得税资产			永续债		
其他非流动资产			资本公积	50 000	50 000
非流动资产合计	32 252 656	33 984 428	减：库存股		
			其他综合收益		
			专项储备		
			盈余公积	26 250	6 620
			未分配利润	148 750	37 510
			所有者权益（或股东权益）合计	30 225 000	30 094 130
资产总计	36 773 656	37 515 428	负债和所有者权益（或股东权益）总计	36 773 656	37 515 428

利　润　表

会企02表

编制单位:万丰市宏伟有限公司　　2021年度　　单位:元

项目	本期金额	上期金额
一、营业收入	17 600 000	8 600 000
减：营业成本	11 200 000	5 200 000
税金及附加	1 760 000	860 000
销售费用	1 700 000	980 000
管理费用	1 513 000	686 000
研发费用	576 000	354 000
财务费用	275 600	184 000
其中：利息费用	321 600	208 000
利息收入	79 000	59 000
加：其他收益		
投资收益(损失以“-”号填列)		
其中：对联营企业和合营企业的投资收益		
以摊余成本计量的金融资产终止确认收益(损失以“-”号填列)		
净敞口套期收益(损失以“-”号填列)		
公允价值变动收益(损失以“-”号填列)		
信用减值损失(损失以“-”号填列)	-11 000	-10 000
资产减值损失(损失以“-”号填列)		
资产处置收益(损失以“-”号填列)		
二、营业利润(亏损以“-”号填列)	564 400	326 000
加:营业外收入	320 000	20 000
减:营业外支出	679 100	280 000
三、利润总额(亏损总额以“-”号填列)	205 300	66 000
减:所得税费用	74 430	21 870
四、净利润(净亏损以“-”号填列)	130 870	44 130
(一)持续经营净利润(净亏损以“-”号填列)	130 870	44 130
(二)终止经营净利润(净亏损以“-”号填列)		
五、其他综合收益的税后净额		
(一)不能重分类进损益的其他综合收益		
1.重新计量设定受益计划变动额		
2.权益法下不能转损益的其他综合收益		
3.其他权益工具投资公允价值变动		
4.企业自身信用风险公允价值变动		
……		
(二)将重分类进损益的其他综合收益		
1.权益法下可转损益的其他综合收益		
2.其他债权投资公允价值变动		
3.金融资产重分类计入其他综合收益的金额		
4.其他债权投资信用减值准备		
5.现金流量套期储备		
6.外币财务报表折算差额		
……		
六、综合收益总额	130 870	44 130
七、每股收益:		
(一)基本每股收益	0.0044	0.0015
(二)稀释每股收益	0.0044	0.0015

现金流量表

会企03表

编制单位:万丰市宏伟有限公司　　2021年度　　单位:元

项　　目	本期金额	上期金额
一、经营活动产生的现金流量:		
销售商品、提供劳务收到的现金	19 638 000	9 628 000
收到的税费返还	0	0
收到其他与经营活动有关的现金	330 000	530 000
经营活动现金流入小计	19 968 000	10 158 000
购买商品、接受劳务支付的现金	12 880 070	7 872 000
支付给职工以及为职工支付的现金	550 000	250 000
支付的各项税费	2 893 430	993 000
支付其他与经营活动有关的现金	2 009 800	906 000
经营活动现金流出小计	18 333 300	10 021 000
经营活动产生的现金流量净额	1 634 700	137 000
二、投资活动产生的现金流量:		
收回投资收到的现金	400 000	200 000
取得投资收益收到的现金	0	0
处置固定资产、无形资产和其他长期资产收回的现金净额	870 900	0
处置子公司及其他营业单位收到的现金净额	0	0
收到其他与投资活动有关的现金	0	0
投资活动现金流入小计	1 270 900	200 000
购建固定资产、无形资产和其他长期资产支付的现金	1 200 000	600 000
投资支付的现金	0	0
取得子公司及其他营业单位支付的现金净额	0	0
支付其他与投资活动有关的现金	0	0
投资活动现金流出小计	1 200 000	600 000
投资活动产生的现金流量净额	70 900	-400 000
三、筹资活动产生的现金流量:		
吸收投资收到的现金	0	0
取得借款收到的现金	930 000	2 000 000
收到其他与筹资活动有关的现金	0	0
筹资活动现金流入小计	930 000	2 000 000
偿还债务支付的现金	1 960 000	1 400 000
分配股利、利润或偿付利息支付的现金	275 600	184 000
支付其他与筹资活动有关的现金	0	0
筹资活动现金流出小计	2 235 600	1 584 000
筹资活动产生的现金流量净额	-1 305 600	416 000
四、汇率变动对现金及现金等价物的影响	0	0
五、现金及现金等价物净增加额	400 000	153 000
加:期初现金及现金等价物余额	856 000	703 000
六、期末现金及现金等价物余额	1 256 000	856 000

所有者权益(股东权益)变动表

会企04表

编制单位:万丰市宏伟有限公司　　2021年度　　单位:元

项目	行次	本年金额										上年金额									
		实收资本(或股本)	其他权益工具			资本公积	减:库存股	其他综合收益	盈余公积	未分配利润	所有者权益合计	实收资本(或股本)	其他权益工具			资本公积	减:库存股	其他综合收益	盈余公积	未分配利润	所有者权益合计
			优先股	永续债	其他								优先股	永续债	其他						
一、上年年末余额	1	30 000 000				50 000			6 620	37 510	30 094 130										
加:会计政策变更	2																				
前期差错更正	3																				
其他	4																				
二、本年年初余额	5	30 000 000				50 000			6 620	37 510	30 094 130										
三、本年增减变动金额(减少以"-"号填列)	6	0				0			19 630	111 240	130 870	30 000 000				50 000			6 620	37 510	30 094 130
(一)综合收益总额	7									130 870	130 870									44 130	44 130
(二)所有者投入或减少资本	8											30 000 000				50 000					30 050 000
1.所有者投入资本	9											30 000 000									30 000 000
2.其他权益工具所有者投入资本	10																				
3.股份支付计入所有者权益的金额	11																				
4.其他	12															50 000					50 000
(三)利润分配	13								19 630	-19 630	0								6 620	-6 620	0
1.提取盈余公积	14								19 630	-19 630	0								6 620	-6 620	0
2.对所有者(或股东)的分配	15																				
3.其他	16																				
(四)所有者权益内部结转	17																				
1.资本公积转增资本(或股本)	18																				
2.盈余公积转增资本(或股本)	19																				
3.盈余公积弥补亏损	20																				
4.设定受益计划变动额结转留在收益	21																				
5.其他	22																				
四、本年年末余额	23	30 000 000				50 000			26 250	148 750	30 225 000	30 000 000				50 000			6 620	37 510	30 094 130

（三）万丰市宏伟有限公司2022年11月财务报表

资产负债表

会企01表

编制单位:万丰市宏伟有限公司　　2022年11月30日　　单位:元

资产	期末余额	年初余额	负债和所有者权益（或股东权益）	期末余额	年初余额
流动资产:			流动负债:		
货币资金	2 310 179	1 256 000	短期借款	800 000	930 000
交易性金融资产	120 000	200 000	交易性金融负债		
衍生金融资产			衍生金融负债		
应收票据	45 000	20 000	应付票据	23 000	250 000
应收账款	629 000	420 000	应付账款	250 000	500 000
应收款项融资			预收款项	10 000	100 000
预付款项	30 000	80 000	合同负债		
其他应收款	5 000	5 000	应付职工薪酬		
存货	1 237 600	2 540 000	应交税费	112 479	254 000
合同资产			其他应付款	92 500	414 656
持有待售资产			持有待售负债		
一年内到期的非流动资产			一年内到期的非流动负债	2 000 000	2 000 000
其他流动资产			其他流动负债		
流动资产合计	4 376 779	4 521 000	流动负债合计	3 287 979	4 448 656
非流动资产:			非流动负债:		
债权投资	200 000		长期借款		2 000 000
其他债权投资			应付债券		
长期应收款			其中:优先股		
长期股权投资			永续债		
其他权益工具投资			租赁负债		
其他非流动金融资产			长期应付款	100 000	100 000
投资性房地产			预计负债		
固定资产	18 811 865	21 572 656	递延收益		
在建工程			递延所得税负债		
生产性生物资产			其他非流动负债		
油气资产			非流动负债合计	100 000	2 100 000
使用权资产			负债合计	3 387 979	6 548 656
无形资产	11 204 166.67	10 680 000	所有者权益(或股东权益):		
开发支出			实收资本(或股本)	30 000 000	30 000 000
商誉			其他权益工具		
长期待摊费用			其中:优先股		
递延所得税资产			永续债		
其他非流动资产			资本公积	50 000	50 000
非流动资产合计	30 216 031.67	32 252 656	减:库存股		
			其他综合收益		
			专项储备		
			盈余公积	26 250	26 250
			未分配利润	1 128 581.67	148 750
			所有者权益(或股东权益)合计	31 204 831.67	30 225 000
资产总计	34 592 810.67	36 773 656	负债和所有者权益(或股东权益)总计	34 592 810.67	36 773 656

利　润　表

会企02表

编制单位:万丰市宏伟有限公司　　2022年1-11月　　单位:元

项　目	本期金额	上期金额
一、营业收入	18 800 000	14 600 000
减：营业成本	10 840 000	9 500 000
税金及附加	1 680 000	1 460 000
销售费用	1 400 000	1 500 000
管理费用	2 883 668.33	1 024 000
研发费用	874 000	576 000
财务费用	249 500	185 700
其中：利息费用	252 100	206 500
利息收入	2 600	20 800
加：其他收益		
投资收益（损失以“-”号填列）		
其中：对联营企业和合营企业的投资收益		
以摊余成本计量的金融资产终止确认收益（损失以“-”号填列）		
净敞口套期收益（损失以“-”号填列）		
公允价值变动收益（损失以“-”号填列）		
信用减值损失（损失以“-”号填列）		
资产减值损失（损失以“-”号填列）		
资产处置收益（损失以“-”号填列）		
二、营业利润（亏损以“-”号填列）	872 831.67	354 300
加：营业外收入	220 000	180 000
减：营业外支出	153 000	213 000
三、利润总额（亏损总额以“-”号填列）	939 831.67	321 300
减：所得税费用		
四、净利润（净亏损以“-”号填列）	939 831.67	321 300
（一）持续经营净利润（净亏损以“-”号填列）	939 831.67	321 300
（二）终止经营净利润（净亏损以“-”号填列）		
五、其他综合收益的税后净额		
（一）不能重分类进损益的其他综合收益		
1.重新计量设定受益计划变动额		
2.权益法下不能转损益的其他综合收益		
3.其他权益工具投资公允价值变动		
4.企业自身信用风险公允价值变动		
……		
（二）将重分类进损益的其他综合收益		
1.权益法下可转损益的其他综合收益		
2.其他债权投资公允价值变动		
3.金融资产重分类计入其他综合收益的金额		
4.其他债权投资信用减值准备		
5.现金流量套期储备		
6.外币财务报表折算差额		
……		
六、综合收益总额	939 831.67	321 300
七、每股收益：		
（一）基本每股收益		
（二）稀释每股收益		

现金流量表

会企01表

编制单位：万丰市宏伟有限公司　　2020年11月31日　　单位：元

项　目	本期金额	上期金额
一、经营活动产生的现金流量：		
销售商品、提供劳务收到的现金	20 660 000	18 001 500
收到的税费返还	0	0
收到其他与经营活动有关的现金	260 000	302 500
经营活动现金流入小计	20 920 000	18 304 000
购买商品、接受劳务支付的现金	12 077 800	11 806 730.83
支付给职工以及为职工支付的现金	450 000	504 166.67
支付的各项税费	3 028 521	2 652 310.83
支付其他与经营活动有关的现金	2 327 500	1 842 316.67
经营活动现金流出小计	17 883 821	16 805 525
经营活动产生的现金流量净额	3 036 179	1 498 475
二、投资活动产生的现金流量：		0
收回投资收到的现金	80 000	400 000
取得投资收益收到的现金	0	0
处置固定资产、无形资产和其他长期资产收回的现金净额	1 597 000	870 900
处置子公司及其他营业单位收到的现金净额	0	0
收到其他与投资活动有关的现金	0	0
投资活动现金流入小计	1 677 000	1 270 900
购建固定资产、无形资产和其他长期资产支付的现金	1 100 000	1 200 000
投资支付的现金	200 000	0
取得子公司及其他营业单位支付的现金净额	0	0
支付其他与投资活动有关的现金	0	0
投资活动现金流出小计	1 300 000	1 200 000
投资活动产生的现金流量净额	377 000	70 900
三、筹资活动产生的现金流量：		0
吸收投资收到的现金	0	0
取得借款收到的现金	1 200 000	930 000
收到其他与筹资活动有关的现金	0	0
筹资活动现金流入小计	1 200 000	930 000
偿还债务支付的现金	3 330 000	1 960 000
分配股利、利润或偿付利息支付的现金	229 000	275 600
支付其他与筹资活动有关的现金	0	0
筹资活动现金流出小计	3 559 000	2 235 600
筹资活动产生的现金流量净额	−2 359 000	−1 305 600
四、汇率变动对现金及现金等价物的影响	0	0
五、现金及现金等价物净增加额	1 054 179	263 775
加：期初现金及现金等价物余额	1 256 000	856 000
六、期末现金及现金等价物余额	2 310 179	1 119 775

现金流量表编制工作底稿

编制单位：万丰市宏伟有限公司　　　　________年度　　　　单位：元

项　　目	1—11月累计金额	12月份发生金额	全年累计金额
一、经营活动产生的现金流量：			
销售商品、提供劳务收到的现金	20 660 000		
收到的税费返还	0		
收到其他与经营活动有关的现金	260 000		
经营活动现金流入小计	20 920 000		
购买商品、接受劳务支付的现金	12 077 800		
支付给职工以及为职工支付的现金	450 000		
支付的各项税费	3 028 521		
支付其他与经营活动有关的现金	2 327 500		
经营活动现金流出小计	17 883 821		
经营活动产生的现金流量净额	3 036 179		
二、投资活动产生的现金流量：			
收回投资收到的现金	80 000		
取得投资收益收到的现金	0		
处置固定资产、无形资产和其他长期资产收回的现金净额	1 597 000		
处置子公司及其他营业单位收到的现金净额	0		
收到其他与投资活动有关的现金	0		
投资活动现金流入小计	1 677 000		
购建固定资产、无形资产和其他长期资产支付的现金	1 100 000		
投资支付的现金	200 000		
取得子公司及其他营业单位支付的现金净额	0		
支付其他与投资活动有关的现金	0		
投资活动现金流出小计	1 300 000		
投资活动产生的现金流量净额	377 000		
三、筹资活动产生的现金流量：			
吸收投资收到的现金	0		
取得借款收到的现金	1 200 000		
收到其他与筹资活动有关的现金	0		
筹资活动现金流入小计	1 200 000		
偿还债务支付的现金	3 330 000		
分配股利、利润或偿付利息支付的现金	229 000		
支付其他与筹资活动有关的现金	0		
筹资活动现金流出小计	3 559 000		
筹资活动产生的现金流量净额	−2 359 000		
四、汇率变动对现金及现金等价物的影响	0		
五、现金及现金等价物净增加额	1 054 179		
加：期初现金及现金等价物余额	1 256 000		
六、期末现金及现金等价物余额	2 310 179		

第三部分　实验用财务报表

万丰市宏伟有限公司

2022年度财务报表

法人代表：　　　　总会计师：　　　　会计（财务）主管：　　　　审计单位：

资产负债表

会企01表

编制单位：　　　　　　　　年　月　日　　　　　　　　单位：元

资产	期末余额	年初余额	负债和所有者权益（或股东权益）	期末余额	年初余额
流动资产：			流动负债：		
货币资金			短期借款		
交易性金融资产			交易性金融负债		
衍生金融资产			衍生金融负债		
应收票据			应付票据		
应收账款			应付账款		
应收款项融资			预收款项		
预付款项			合同负债		
其他应收款			应付职工薪酬		
存货			应交税费		
合同资产			其他应付款		
持有待售资产			持有待售负债		
一年内到期的非流动资产			一年内到期的非流动负债		
其他流动资产			其他流动负债		
流动资产合计			流动负债合计		
非流动资产：			非流动负债：		
债权投资			长期借款		
其他债权投资			应付债券		
长期应收款			其中：优先股		
长期股权投资			永续债		
其他权益工具投资			租赁负债		
其他非流动金融资产			长期应付款		
投资性房地产			预计负债		
固定资产			递延收益		
在建工程			递延所得税负债		
生产性生物资产			其他非流动负债		
油气资产			非流动负债合计		
使用权资产			负债合计		
无形资产			所有者权益（或股东权益）：		
开发支出			实收资本（或股本）		
商誉			其他权益工具		
长期待摊费用			其中：优先股		
递延所得税资产			永续债		
其他非流动资产			资本公积		
非流动资产合计			减：库存股		
			其他综合收益		
			专项储备		
			盈余公积		
			未分配利润		
			所有者权益（或股东权益）合计		
资产总计			负债和所有者权益（或股东权益）总计		

利　润　表

会企02表

编制单位：　　　　________年度　　　　单位:元

项目	本期金额	上期金额
一、营业收入		
减：营业成本		
税金及附加		
销售费用		
管理费用		
研发费用		
财务费用		
其中：利息费用		
利息收入		
加：其他收益		
投资收益（损失以“-”号填列）		
其中：对联营企业和合营企业的投资收益		
以摊余成本计量的金融资产终止确认收益（损失以“-”号填列）		
净敞口套期收益（损失以“-”号填列）		
公允价值变动收益（损失以“-”号填列）		
信用减值损失（损失以“-”号填列）		
资产减值损失（损失以“-”号填列）		
资产处置收益（损失以“-”号填列）		
二、营业利润（亏损以“-”号填列）		
加：营业外收入		
减：营业外支出		
三、利润总额（亏损总额以“-”号填列）		
减：所得税费用		
四、净利润（净亏损以“-”号填列）		
（一）持续经营净利润（净亏损以“-”号填列）		
（二）终止经营净利润（净亏损以“-”号填列）		
五、其他综合收益的税后净额		
（一）不能重分类进损益的其他综合收益		
1.重新计量设定受益计划变动额		
2.权益法下不能转损益的其他综合收益		
3.其他权益工具投资公允价值变动		
4.企业自身信用风险公允价值变动		
……		
（二）将重分类进损益的其他综合收益		
1.权益法下可转损益的其他综合收益		
2.其他债权投资公允价值变动		
3.金融资产重分类计入其他综合收益的金额		
4.其他债权投资信用减值准备		
5.现金流量套期储备		
6.外币财务报表折算差额		
……		
六、综合收益总额		
七、每股收益：		
（一）基本每股收益		
（二）稀释每股收益		

现金流量表

会企03表

编制单位：　　　　　　　　　　年度　　　　　　　　　　单位：元

项　　目	本期金额	上期金额
一、经营活动产生的现金流量：		
销售商品、提供劳务收到的现金		
收到的税费返还		
收到其他与经营活动有关的现金		
经营活动现金流入小计		
购买商品、接受劳务支付的现金		
支付给职工以及为职工支付的现金		
支付的各项税费		
支付其他与经营活动有关的现金		
经营活动现金流出小计		
经营活动产生的现金流量净额		
二、投资活动产生的现金流量：		
收回投资收到的现金		
取得投资收益收到的现金		
处置固定资产、无形资产和其他长期资产收回的现金净额		
处置子公司及其他营业单位收到的现金净额		
收到其他与投资活动有关的现金		
投资活动现金流入小计		
购建固定资产、无形资产和其他长期资产支付的现金		
投资支付的现金		
取得子公司及其他营业单位支付的现金净额		
支付其他与投资活动有关的现金		
投资活动现金流出小计		
投资活动产生的现金流量净额		
三、筹资活动产生的现金流量：		
吸收投资收到的现金		
取得借款收到的现金		
收到其他与筹资活动有关的现金		
筹资活动现金流入小计		
偿还债务支付的现金		
分配股利、利润或偿付利息支付的现金		
支付其他与筹资活动有关的现金		
筹资活动现金流出小计		
筹资活动产生的现金流量净额		
四、汇率变动对现金及现金等价物的影响		
五、现金及现金等价物净增加额		
加：期初现金及现金等价物余额		
六、期末现金及现金等价物余额		

所有者权益(股东权益)变动表

会企04表

编制单位： 年 单位：

项目	行次	本年金额										上年金额									
		实收资本(或股本)	其他权益工具			资本公积	减:库存股	其他综合收益	盈余公积	未分配利润	所有者权益合计	实收资本(或股本)	其他权益工具			资本公积	减:库存股	其他综合收益	盈余公积	未分配利润	所有者权益合计
			优先股	永续债	其他								优先股	永续债	其他						
一、上年年末余额	1																				
加：会计政策变更	2																				
前期差错更正	3																				
其他	4																				
二、本年年初余额	5																				
三、本年增减变动金额（减少以“-”号填列）	6																				
（一）综合收益总额	7																				
（二）所有者投入或减少资本	8																				
1. 所有者投入资本	9																				
2. 其他权益工具所有者投入资本	10																				
3. 股份支付计入所有者权益的金额	11																				
4. 其他	12																				
（三）利润分配	13																				
1. 提取盈余公积	14																				
2. 对所有者（或股东）的分配	15																				
3. 其他	16																				
（四）所有者权益内部结转	17																				
1. 资本公积转增资本(或股本)	18																				
2. 盈余公积转增资本(或股本)	19																				
3. 盈余公积弥补亏损	20																				
4. 设定受益计划变动额结转留存收益	21																				
5. 其他	22																				
四、本年年末余额	23																				

万丰市宏伟有限公司

2022年度报表附注

实 验 报 告

院系：________________________

班级：________________________

学号：________________________

姓名：________________________

年 月 日

实验项目	
实验体会：	
实验项目	
实验体会：	
实验项目	
实验体会：	

实验项目	
实验体会：	
指导教师评语：	
实验成绩	
指导教师：__________ 年　月　日	